青岛棉纺织业档案史料选译

青岛市档案馆⊙编

王新艳 冯钰麟 王 萌⊙译

王 萌 张 晔⊙校译

上海辞书出版社

图书在版编目(CIP)数据

青岛棉纺织业档案史料选译／青岛市档案馆编；王新艳，冯钰麟，王萌译；王萌，张晔校译. —上海：上海辞书出版社，2022
ISBN 978-7-5326-5916-6

Ⅰ.①青… Ⅱ.①青… ②王… ③冯… ④王… ⑤张… Ⅲ.①棉纺织工业—工业史—史料—青岛—近代 Ⅳ.①F426.81

中国版本图书馆 CIP 数据核字(2022)第 098161 号

审图号：GS(2022)4255 号

QINGDAO MIANFANGZHIYE DANGAN SHILIAO XUANYI

青岛棉纺织业档案史料选译

青岛市档案馆　编
王新艳　冯钰麟　王　萌　译
王　萌　张　晔　校译

责任编辑　陆琦杨
装帧设计　王铁颀
责任校对　左钟亮
责任印制　王亭亭

出版发行　上海世纪出版集团
上海辞书出版社(www.cishu.com.cn)
地　　址　上海市闵行区号景路 159 弄 B 座(邮编：201101)
印　　刷　上海展强印刷有限公司
开　　本　890×1240 毫米　1/32
印　　张　10.375
字　　数　240 000
版　　次　2022 年 10 月第 1 版　2022 年 10 月第 1 次印刷
书　　号　ISBN 978-7-5326-5916-6/F·297
定　　价　60.00 元

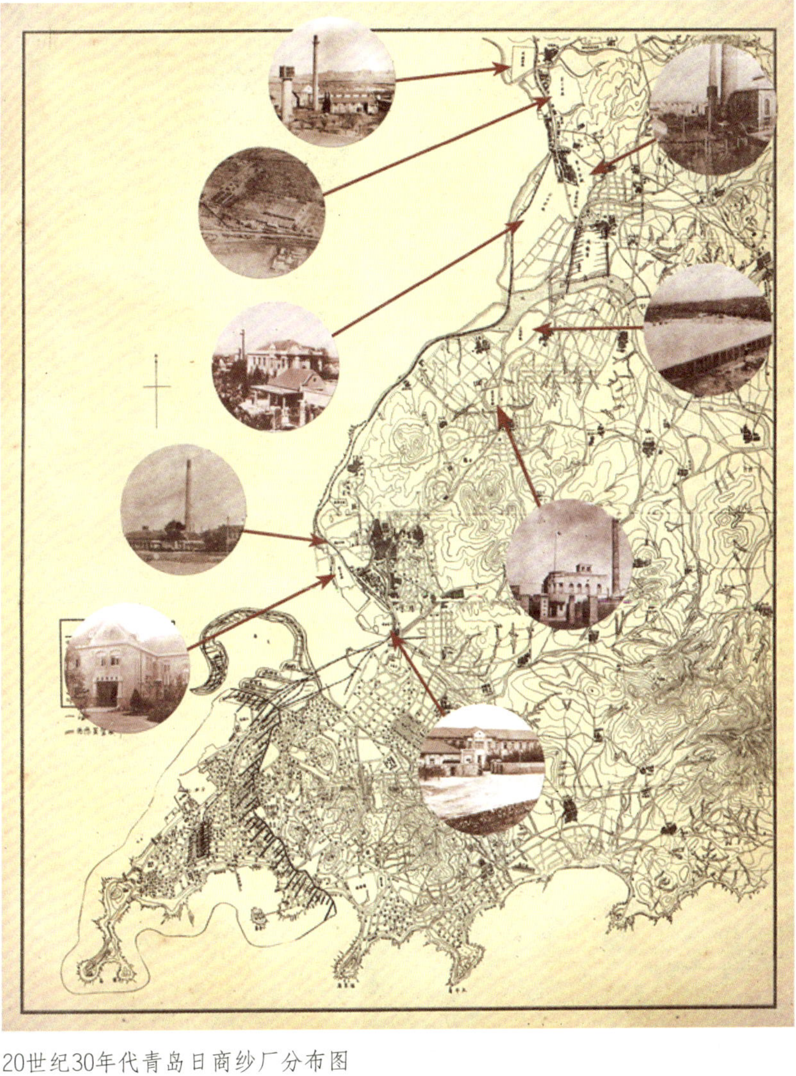

20世纪30年代青岛日商纱厂分布图

图片来源：青岛市档案馆

被炸毁的青岛日商纱厂（1937年）

图片来源：青岛市档案馆

全面抗战时期的青岛日商纱厂生产线

图片来源：「華北交通アーカイブ」（華北交通アーカイブ作成委員会）
http://codh.rois.ac.jp/north-china-railway/

重建中的青岛日商公大纱厂（约1939年）

图片来源：「華北交通アーカイブ」（華北交通アーカイブ作成委員会）
http://codh.rois.ac.jp/north-china-railway/

中国纺织建设公司青岛第五纺织厂（原青岛日商上海纱厂，1948年）

图片来源：青岛市档案馆

《近代青岛工商业档案史料》编委会

《青岛棉纺织业档案史料选译》编委会

序　言

青岛棉纺织业对于近代青岛城市发展具有特殊意义和重要影响，被视为青岛的“母亲产业”。20 世纪 30 年代，青岛作为中国棉纺织业的龙头城市之一，与上海、天津并称为全国棉纺织业的“上青天”。

青岛市档案馆保存有近代青岛纺织档案 3 万余卷，涉及 24 个全宗，其中大多数为棉纺织业档案，基本上处于未公开、未被利用的状态。这些档案不仅数量多，而且成系统，史料性、原始性、独有性的特征明显，对于开展青岛棉纺织业研究具有重要价值，特别是其中大量的日文档案，史料价值尤为突出。在诸多师友的协助下，我们对其中一部分较为重要的档案进行翻译出版，以便让更多的学界同仁了解近代青岛棉纺织业的变迁。

本书所选录的档案资料主要来自两部分：一是 1939 年日本满铁株式会社书记官水谷国一所撰《青岛棉纺织劳动调查》，其中对青岛棉纺织工人的年龄、性别、籍贯、生产效率、工资收入水平等做了详细统计；二是全面抗战期间在华日本纺织同业会青岛支部的部分会议记录。通过阅读这些史料，读者可以对全面抗战时期青岛棉纺织业的发展状态有一整体的了解。翻译中,因涉及较多的纺织专业术语,在保证准确的前提下,译者做了部分译注。

感谢王新艳女士、冯钰麟先生、王萌先生三位译者付出的辛勤劳动和不懈努力,王新艳主译《青岛棉纺织劳动调查》,冯钰麟主译在华日本纺织同业会青岛支部三宗档案。感谢青岛市档案馆众多领导、同事的辛苦付出,才有了今天的收获。乔军先生和刘维书先生负责整个项目的组织实施。唐辉先生负责该项目的商务工作。张晔女士负责文稿翻译的组织工作,与王萌先生对全书进行校译。杨洋先生和魏福翠女士负责该项目商务工作的具体实施。感谢上海辞书出版社陆琦杨编辑为本书的出版付出的辛苦和努力。

需要特别说明的是:由于本书所翻译的均为日文档案,对于原档案所持的观点,编译者未作修正。当然,这并不意味着编译者全部同意作者的观点。

最后,本书如有不妥或谬误之处,敬请专家批评指正!

2022 年 7 月

编辑说明

一、本书所译日文档案中出现的“华中”一词,系民国时期日本人对中国区域的划分称呼,概指今长江流域地区;“满洲”一词,指今中国东北地区。为保留史料原貌,体现当时日方的真实意图,所译档案中出现的“华中”“满洲”等词,均保留原样。望读者注意鉴别。

二、日文档案原件中无法辨识的文字或缺字,以“□”表示。

目 录

1 序言

1 编辑说明

1 壹 青岛棉纺织劳动调查(附表)

187 贰 在华日本纺织同业会青岛支部例会记录及各种表报等(大康纱厂)

209 叁 在华日本纺织同业会青岛支部关于棉花运输、上市状况、生产状况等事宜会议记录

259 肆 在华日本纺织同业会青岛支部关于细布价格、绢布配给统制纲要等事宜会议记录

青岛棉纺织劳动调查

（附表）

壹

第一章　概　　论

一　棉纺织业在中国工业中的地位

50 年前(1890 年)北洋大臣李鸿章筹建的上海官营机器织布局，开创了中国机械棉纺织工业的先河。可以说从这一时期开始，中国迈出了进入近代化产业制度的第一步。此后，虽又分化出纤维工业，但棉纺织工业的发展仍是这个国家资本主义发展、壮大过程中的主力和代表性行业。这是我们在理解中国的工业、社会、劳工问题时，必须充分认识到的。

中国棉纺织工业发端于该国政治领袖的筹建。甲午战争之后，以《马关条约》(1895 年)的签订为契机，外商开始进入中国。又因第一次世界大战的爆发，受到国内资本的青睐，企业进一步发展壮大。一战结束后，世界经济危机爆发，日本的应对策略是借助企业的海外发展而获取新市场，这一措施最终促使在华日商棉纺织企业飞跃式发展。当然，棉纺织工业的发展并非一帆风顺，其中也经历了国内革命运动、排外运动、棉花大减产(1935 年)等波折。截至卢沟桥事变爆发前夕，中国全国范围内棉纺织工业达到 153 家工厂、500 万枚纱锭的规模。然而，相对于 4 亿的人口数量而言，仅每 80 人 1 枚纱锭的比例，明显落后于世界每 13 人 1 枚纱锭的平均水平。与印度的 1 000 万枚纱锭相较，亦有很大的发展空间。因此，新企业的进入与扩张并未停止。

下表为卢沟桥事变之前华北及华中、华南各资本系统棉纺织工业一览表。

表1-1　卢沟桥事变前中国棉纺织工业一览表

经营方		华北			华中、华南及其他			合计		
		工厂数	纱锭	织机	工厂数	纱锭	织机	工厂数	纱锭	织机
华商棉纺织业		14	292 (18)	2.7 (—)	77	2 305 (312)	20.9 (5.0)	91	2 597 (330)	23.6 (5.0)
外商棉纺织业	日本	15	911 (602)	13.8 (16.3)	34	1 353 (—)	17.6 (—)	49	2 264 (602)	31.4 (16.3)
	英国	—	—	—	3	221 (2)	4.0 (0.1)	3	221 (2)	4.0 (0.1)
合计		29	1 203 (620)	16.5 (16.3)	114	3 879 (314)	42.5 (5.1)	143	5 082 (934)	59.0 (21.4)

备注：

1. 纱锭枚数和织布机台数单位为1 000。
2. 括号内数字是计划安装数，括号外是已安装数。本表参考了满铁华北事务局调查室关于华北棉纺织业的基础调查资料。

在上述表格中,华中、华南的代表地区为上海,华北的代表地区为青岛。上海拥有工厂数 67 家,纱锭数 2 664 000 枚,分别占华中、华南全部的 47%、53%。青岛拥有工厂数 10 家,纱锭数 710 000 枚,分别占华北全部的 20%、59%。在此需要附加说明的是,虽然青岛在产业规模上无法与上海的庞大规模相比,但因新兴势力的加入,产业规模增长迅速。此外,青岛的棉纺织工业除了一家华商企业(华新纱厂)之外,其余全部为日商企业。

二　青岛日商棉纺织业的沿革

青岛日商棉纺织业发展壮大有其内在原因。1914 年,日本在日德战争中占领青岛,此后在当地推行民生政策,将四方、沧口划定为工业地区,并通过廉价出租土地等方式吸引日本国内产业资本来青岛投资。现有 9 家企业占地约为 100 万坪①,其中民国政府时期的 6 家企业(内外、日清、大康、公大、长崎、富士)租地共计 683 000 坪(现为市政府②公有财产)。还推出了租地期限长达 20 年、每年租金仅为 2 钱或 3 钱的有利条件。此时,深受第一次世界大战影响的日本棉纺织企业,开始寄希望于产品出口而将企业派驻中国大陆。加之青岛从气候风土而言,不像内陆地区受大陆性气候影响而温差剧烈,同时受海洋季风的影响湿度适中,可谓中国首屈一指的纺织工业适宜地区。

---

① 坪,源于日本传统计量系统尺贯法的面积单位,主要用于计算房屋、建筑用地面积。1 坪等于 1 日亩的三十分之一,合 3. 305 7 平方米。——译者注

② 指伪青岛市政府。——译者注

表1－2　1916年至1930年15年间青岛平均温湿度表

月份	1	2	3	4	5	6	7	8	9	10	11	12	平均
平均温度	28.8	31.6	39.7	50.2	59.7	67.5	74.5	77.4	70.2	60.3	46.6	34.0	55.8
平均湿度	66	67	68	70	75	82	90	83	72	65	63	64	72

注：温度单位为华氏度℉；湿度单位为相对湿度%RH。

在消费市场方面，青岛拥有以黄河为中心的中原至华北一带的广大腹地市场。在棉花原料方面，仅山东一省平常年份的产量就高达140万担，质量和数量均可满足需求。在动力燃料成本方面，由于距离以淄川、博山为中心的煤矿产地较近，燃料利用成本较低。在劳动力方面，山东农村可供应丰富低廉的劳动力，且劳力可谓中国最优秀。其他还有诸如海陆交通便利、地势良好、因材料及加工费用低廉而工厂建设成本较低等有利条件。综上所述，青岛具备各种有利的选址条件，在招商政策颁布之初，就得到日本国内棉纺织企业的积极响应，从而促进了当地棉纺织工业的发展，迅速确立如今之地位。

以下是先驱企业内外棉工厂及其他各家企业创立年份之一览表。

表1－3　青岛棉纺织工厂创立年份一览表

工厂名	所在地	创立	开工
内外棉	四方	1916年7月	1917年12月
大日本(大康)	四方	1919年11月	1921年
华新(中国)	沧口	1920年2月	

续 表

工厂名	所在地	创 立	开 工
长崎(国光)	沧口	1920 年 3 月	1923 年 5 月
富士	沧口	1921 年 10 月	1922 年
钟纺(公大)	沧口	1922 年 4 月	1923 年 8 月
日清(隆兴)	四方	1922 年 4 月	1923 年 4 月
上海	沧口	1934 年 2 月	1935 年 3 月
丰田	沧口	1934 年 5 月	1935 年 4 月
同兴	沧口	1935 年 7 月	1936 年 7 月

备注：华新纱厂于 1938 年 4 月被国光纱厂收购，现为国光系工厂。

在卢沟桥事变之前，青岛棉纺织产业劳工数量在青岛城市劳工总数中约占 70%。

卢沟桥事变造成的破坏

卢沟桥事变发生后，因政治军事上的原因，山东的日本侨民大撤退。1937 年 8 月，苦心经营多年的生产设备全部停止运转。虽然我方寄希望于中国官方的公正对待，但不幸在该年 12 月，未能逃脱沈鸿烈手下税务稽查团的魔爪，一切归为泡影。① 我方蒙受直接损失估计高达 14 000 万元；另一方面，依靠企业每年支付 670 万元工资而获得生计的 33 000 名男女职工完全失去收入来源。虽然他们中大多数人回到农村，但在重建之前约一年时间里，大多生活困苦。这从后来复工男女职工的健康、营养、穿着等悲惨状况及各企业人事部门负责人异

① 此为日文原文表述，措辞基于日方立场，请读者注意甄别。——译者注

口同声的说明中显然可知。

敌人在破坏后逃亡，我军很快占领山东。次年（1938 年）初，日本侨民进入青岛，3 月拉开了废墟重建、产业复兴的序幕，其中开始着手重建时的企业状态如下表所示。

表 1－4 青岛棉纺织业重建开始时各家企业状态一览表

工厂	重建开始	纱锭安装	织机运转
国光		1938 年 5 月	1938 年 7 月
上海	1938 年 3 月	1938 年 10 月	1939 年 1 月
内外	1938 年 4 月	1938 年 11 月	1939 年 1 月
同兴	1938 年 4 月	1938 年 11 月	1939 年 2 月
日清	1938 年 4 月	1938 年 11 月	1939 年 1 月
大康	1938 年 4 月	1938 年 12 月	1939 年 2 月
丰田	1938 年 5 月	1939 年 1 月	1939 年 3 月
富士	1938 年 6 月	1939 年 3 月	准备中(7 月)
公大	1938 年 7 月	1939 年 4 月	1939 年 5 月

备注：1. 国光纱厂于 1938 年 4 月前收购了华新纱厂，对之管理经营。
　　　2. 6 月末的设备参照本书附表 1。

至 1939 年 6 月末，共安装完成 389 632 枚（重建批准数 389 704 枚）细纱纱锭，29 396 枚（重建批准数 29 396 枚）捻纱机、5 830 台织机（重建许可数 7 100 台）。与卢沟桥事变前相比，在短时间内实现了 52%设备的重建、56%劳工的复产，令人惊叹。

备注：按捻纱机 1 台＝纱锭 3 枚，织机 1 台＝纱锭 35 枚的比例换算。

关于事变前的设备情况可见第二章。

下表展示的是卢沟桥事变前后青岛城市劳工中棉纺织劳工的地位。

表1－5　卢沟桥事变前后青岛城市劳工的产业分布

产业类别	卢沟桥事变前				卢沟桥事变后			
	男工	女工	合计	比例	男工	女工	合计	比例
棉纺织工业	18 592	15 179	33 771	69.3	7 066	4 828	11 894	40.5
其他纤维工业	1 240	770	2 010	4.1	2 370	1 548	3 918	13.3
化学工业	1 376	324	1 700	3.5	1 653	393	2 046	7.0
机械及金属工业	386	—	386	0.8	826	57	883	3.0
冶铁工业	170	—	170	0.3	144	—	144	0.5
交通工具制造业	2 162	38	2 200	4.5	1 199	44	1 243	4.2
木材制造业	845	192	1 037	2.1	877	238	1 115	3.8
建筑工程业	—	—	—	—	2 416	—	2 416	8.2
公用事业	460	—	460	0.9	343	—	343	1.2
土石玻璃制造业	686	—	686	1.4	685	—	685	2.3
服用制造业	290	214	504	1.0	226	188	414	1.4
橡革工业	987	288	1 275	2.6	478	210	688	2.3
饮食品及烟草业	3 016	1 246	4 262	8.7	2 219	1 125	3 344	11.4
造纸印刷业	272	—	272	0.6	208	—	208	0.7

续　表

产业类别	卢沟桥事变前				卢沟桥事变后			
	男工	女工	合计	比例	男工	女工	合计	比例
其他工业	22	—	22	0.2	20	—	20	0.2
总数	30 504	18 251	48 755	100.0	20 730	8 631	29 361	100.0

备注：1. 数据基于青岛市政府①调查。
2. 本次调查得到的棉纺织劳工数据与市政府数据有若干相异之处，此表以市政府的数据为准。

三　青岛棉纺织劳工的特点

中国劳工问题中的纺织劳动者地位

如前表所示，棉纺织行业的就业，在青岛城市劳动就业中所占比重具有绝对优势。其就业人数辐射至数倍大的范围，对维持农村治安、民生福利产生正面影响。从中国总体而言，亦如此，棉纺织劳动是具有代表性的中国资本制度工业劳动的主要部分，必然对中国社会产生巨大影响。但须理解的是，正如开头所阐明的，其并非中国劳工问题的核心。

毋庸多言，中国劳工问题的核心，应该从决定中国经济发展阶段的前资本主义经济结构中寻找答案，即在这个国家经济构成中占有绝对数量优势的农民、家族企业、手工业、制造业劳工，乃至由此类产业

① 原文虽如此表述，但在卢沟桥事变前为国民政府青岛市政府，卢沟桥事变后为伪青岛市政府。——译者注

产生的日佣劳工、移民、外出劳工者，即所谓的苦力劳工，这些群体才是劳动问题的核心。如果将问题的整体比作某个水果，棉纺织劳动只不过是这个水果的外皮破损不断被侵蚀的局部性问题。且这里所介绍的青岛棉纺织劳动，处于日本资本和技术的经营管理之下，享有对中国法律的治外法权，必须将之与中国民族资本的棉纺织劳动严格区分开来。

以上述认识为前提，我们可以将青岛棉纺织劳动作如下概况说明。

劳动(力)来源及素质

首先从劳动力来源来看，大部分直接来源于农村剩余劳动力。这与日本的状况基本相似，但其不同在于几乎不需要招募费。在待遇条件上由企业自主决定是否男女同酬。由于女子具有缠足习惯，导致过去女子劳动效率低下，因此大部分会雇佣男工。但最近呈现出女工逐渐增加的趋势。从本次调查结果可见，青岛 9 家棉纺织企业的男女工人比例为 54∶46。相较同时期华北其他纺织工业城市如天津、济南，青岛女工雇佣率更高。

棉纺织劳动无论对技术还是对体力要求都较为单一、容易，即使是低龄的少年工人也较容易熟练掌握大部分作业。因此企业不仅会雇佣添补家计的女工，还会尽量雇佣低龄少年男工。在本次调查统计中，14 岁以上、不满 25 岁年龄段的工人占 82%，其中不满 20 岁的占 60%。

劳工受教育程度受国家文化的影响普遍较低。从本次调查结果来看，多少有点阅读能力的男工占 28%，女工仅占 8%，在其他文盲者中大部分人连自己名字都不会写。因此其性格中具有朴素柔顺的一面，也具有极易雷同划一的性格倾向。

劳工待遇

（棉纺织工厂）劳工薪资确实低于世界水平。但其低薪资现象并非这个国家棉纺织工业所独有，不过是受华北农民收入、农业劳动工资乃至国民日常文化及生活费用等共同影响，最终产生的一个相对合理的薪资水平。总之，将国民的低薪资水平片面地归因于资本家的压榨未必妥当。至少青岛日本棉纺织业的劳动薪资相对于一般国民的薪资水平——作为家庭补充性收入——还是较高的。理由如下：（一）为了防范民族反抗情绪而提高待遇；（二）有限的薪资优待是可以通过改善管理方法来抵销这部分开支的；（三）通过提高待遇可以高效地选拔高质量的劳工。事实上，青岛日本棉纺织业的管理远比中国棉纺织业优越。另外，其薪资尽管只是家庭收入的补充来源，但劳工平均受雇佣期间——男工为两年两个月，女工为一年五个月——汇往老家数额虽不大的汇款仍大有其用的事例很普遍，以至于大部分退休劳工能够心满意足地归乡。

就薪资水平而言，一般观点还认为：在极度贫穷的华北农村社会经济发展中，不断产生大量剩余劳动力，从农村涌现出的劳工大军为了填饱肚子，无论条件如何恶劣都不得不工作。另一方面，本应吸纳这些劳动力的华北产业尚未发展起来，棉纺织工业吸收的也仅仅是一部分，其他大部分仍然不得不移民满洲或去满洲打工。因此，劳动力的供求关系也妨碍了华北城市劳动薪资水平的提高。

工作时间采取昼夜两班交替制，每班的实际劳动时间，扣除休息时间后达 11 个小时甚至 11.5 个小时。从发达工业国家的标准来看，这无疑是长时间劳动，但从中国的普遍劳动条件来说，青岛日资棉纺织业并非恶劣,且在30分钟或一个小时的休息时间内,(劳工)①可以享用设施完备的单栋建筑,工作环境也较好,与中国工厂的状态相比,可以说是非常先进的。

特别值得一提的是工人宿舍,这不仅是为了减少移动、确保运转和出勤的正常运行而建造,也是管理上必要的支出和投资。砖瓦结构的半永久性建筑,充分考虑了通风、采光和卫生条件,附属的休闲娱乐设施也一应俱全。无论是从外观,还是内部构造而言,与劳工在家乡的住宅相比可谓天壤之别,毋庸置疑,这对他们而言是巨大恩惠。

其次是医疗设施。从农村来工厂务工的男女职工,最初的健康状态大多不佳,有眼疾和皮肤病患者尤多。不过因为这些疾病并不会对生产作业产生大的障碍,所以也被录用,但如果他们未能进棉纺织厂工作的话,其病状应会进一步恶化。在被日本纺织厂录用后一两个月内他们得以一边工作一边接受治疗,直至完全康复。

是否有法律上的强制另当别论,我们承认在帮扶救助职工方面是逊色于发达工业国的,但在对职工的工伤疾病等意外伤害的应对上,青岛日本棉纺织厂一贯给予若干津贴和治疗,这与连这些(福利)都不给予的中国工厂相比,已是很大优待。

劳动立法问题

中国的劳动立法在欧洲大战以后迅速完善起来。在1919年巴黎和约中提到改善国际劳工条件的基础性原则,中国作为缔约国参加和约的签订,但这未必是(完善劳动立法)的动机,更直接的原因应是中国近代工业借欧洲战乱的契机取得突飞猛进发展的结果。除此之外,

---

① 括注系译者所加,原文无。——译者注

促使其发展的原因还包括,国民政府在对内政策上采取了改善和保障劳工生活条件的重要纲领,以陈独秀为代表的近代中国思想革命先驱开展的共产主义运动,致使国家介入到不断激化的劳资矛盾中。此外,国内外基督教团体的人道主义运动也取得了一定成效。

于是,以1923年颁布的《暂行工厂通则》为发端,《劳资争议处理法》(1928年)、《劳动组合法》(1929年)、《合同实施法》(1930年)、《团体协约法》(1930年)、《工厂法》(1929年)、《工厂法实施条例》(1930年)、《工厂检查法》(1931年)等一系列劳动立法逐渐确立。但是对这些立法的执行,监督机构仍有缺陷,最重要的还是享有治外法权的外国租界以及中国前资本主义工业形态占有优势地位,导致最后这些立法成为仅停留在文字形式而游离于产业和国民之外的一纸空文。

因此青岛日本棉纺织厂对劳工的优待,既可以反映出日本产业传统中资本家的温情主义,也可以看出其在管理和利益(取舍)上的自律。可以说,日商从国家层面保护劳工的意愿出发,进而影响至劳工待遇,迄今也是绝无仅有的现象。

第二章　劳工数量

至1939年1月末，除公大第五厂外其余8家公司都已营业，公大工厂4月也开始营业。至7月1日，劳工数量已经达到可以使所有设备都运转的程度。1月以后各月劳工数量如下。

表2-1　1—7月各月劳工数量表

月份	男工	女工	合计	以1月为基准的指数
1月	5 529	4 409	9 929	100
2月	6 214	5 088	11 302	114
3月	6 701	6 416	13 117	132
4月	7 149	7 050	14 199	143
5月	8 709	7 825	16 534	167
6月	9 579	8 184	17 763	179
7月	10 021	8 478	18 499	186

备注：1. 1月至6月是以20日或者月末的注册人数统计，7月是以1日的注册人数统计。

2. 各工厂统计的人数请参考附表2中统计的1月至7月青岛各工厂的劳工数。

由上表可见，若以1月基准指数为100，则相对7月增至186，就业人数男女合计近18 500人。与卢沟桥事变前男女就业人数33 000人相较，仅恢复至56%的程度。若将这些数据和设备的关系作对比，可得下表。

表2－2 卢沟桥事变前后设备和劳工数之对比

类别	设备			劳工		
	纱锭	捻纱	织机	男	女	合计
事变前	710 568	59 416	12 867	18 550	14 293	32 843
现今	389 632	29 396	5 830	10 021	8 478	18 499
以事变前为100，现今指数	54.8	49.5	45.3	54.0	59.3	56.3

备注：事变前指1937年7月情况；现在指1939年7月1日情况。

表2－3 卢沟桥事变前夕的设备和劳工数量统计表
（1937年7月情况）

工厂	设备			劳工		
	纱锭	捻纱	织机	男	女	合计
大康	137 572	14 136	3 000	3 506	1 866	5 372
内外	98 800 （30 280）	11 200 —	— （1 216）	1 175	2 458	3 633
上海	54 856 （51 812）	4 400 （6 161）	1 440 （1 008）	847	1 821	2 668
日清	90 980	13 200	1 472	1 260	1 114	2 374

续 表

工厂	设备			劳工		
	纱锭	捻纱	织机	男	女	合计
富士	31 360 (48 766)	1 600 —	480 (1 040)	1 020	879	1 899
同兴	30 720 (55 348)	— (21 000)	1 152 (868)	582	1 268	1 850
公大	133 496	9 240	4 412	6 850	3 030	9 880
丰田	37 908 (46 892)	— (10 800)	540 (692)	473	1 200	1 673
国光	46 832	5 640	—	1 204	242	1 446
华新(中)	48 044	—	371	1 670	570	2 240
合计	710 568 (233 100) (943 668)	59 416 (37 961) (97 377)	12 867 (4 824) (17 691)	18 587	14 448	33 035

备注：括号内为1939年度内预计安装完毕的设备数。

表2-4　事变后各工厂设备及劳工的数量统计表
(1939年7月1日情况)

工厂	设备			劳工		
	纱锭	捻纱	织机	男	女	合计
大康	54 980 (55 000)	4 956 (5 000)	830 (1 200)	1 422	676	2 098
内外	49 252 (49 500)	5 880 (6 000)	600 (600)	951	1 450	2 401

续 表

工厂	设备			劳工		
	纱锭	捻纱	织机	男	女	合计
上海	43 984 (44 000)	3 960 (4 000)	800 (800)	1 114	1 219	2 333
日清	44 000 (44 000)	3 000 (3 000)	500 (500)	916	649	1 565
富士	32 720 (33 000)	—	300 (600)	670	446	1 116
同兴	38 248 (38 500)	5 000 (5 000)	700 (700)	970	1 252	2 222
公大	54 984 (55 000)	—	1 100 (1 700)	1 992	781	2 773
丰田	38 500 (38 500)	3 600 (3 600)	600 (600)	712	1 480	2 192
国光	32 964 (33 000)	3 000 (3 000)	400 (400)	1 274	525	1 799
合计	389 632 (390 500)	29 396 (29 600)	5 830 (7 100)	10 021	8 478	18 499

注：括号内为1939年度内预计安装完毕的设备数。

上表是各家公司的详细汇总。

第三章　工 厂 组 织

工厂组织架构由普通事务部与工厂部构成。普通事务部包含的部门，有杂务、会计、职工人事、工资计算、营业花销、仓库、调查等。其中职工人事管理部门的职权，有的公司将其附属于工厂部，有的公司因其重要性而给予其独立地位。

工厂部是生产体制的核心部门，纺织部和织布部是其中的基本组织。工厂部运营所必需的原动力、电力、维修等诸分部门都附属于它。纺织部和织布部根据工作划分，下面还细分出更小的部门。在下章的劳动编制或工资的相关章节中，将会对之更明确地加以说明，故在此省略。通常将生产的基本部门——纺织部和织布部称为内部部门，其他的附属部门称为外部部门。

另外，也有些公司将与营业交易和工厂生产相关的部门并立，即使营业部和工厂部并列。因此，公司并不是只有一种组织形式。从工厂整体的职能及人员编制情况来看，一般重心偏向于与生产相关的部门。从其他各公司的实际情况来看，也基本如此。

而一些公司的差异之处，也可参考如下各公司工厂组织一览表（第三表）。

工厂人员的构成，可从经营管理职能和劳工层的关系上来获知。各公司实际汇总的情况如下附表。以 9 家公司直接雇佣劳工的合计数为 100 人计，从事各类职务的人员比例如下表。

表3-1 青岛棉纺织工厂各职务人员构成比例

职务类别		相对于直接雇佣劳工100人的人员比例	中日人比例		男女比例	
			日本人	中国人	男	女
职员层	上级技术员	0.27	100	—	100	—
	下级技术员	0.42	100	—	100	—
	上级事务员	0.23	100	—	100	—
	下级事务员	0.48	60	40	87	13
	上级监督	1.23	100	—	100	—
	合计	2.63	89	11	96	4
劳工层	下级监督工	5.87	—	100	75	25
	直接劳工	100.00	—	100	52	48
	间接劳工	4.16	—	100	89	11
	合计	110.00	—	100	54	46

备注：

1. 下级事务员中，中日人员比率数据中占比为40的中国人，实际上处于日本人下级事务员的助手地位。
2. 日本人监督处于华人职员干部的上一层位置，从地位待遇上来看，将其归为职员层更为恰当。相反，华人职员干部大致不过为有职级的劳工。

表3-2 各家公司合计不同职务人员构成数一览表

职务		日本人			中国人			合计		
		男	女	合计	男	女	合计	男	女	合计
职员层	上级技术员	46	—	46	—	—	—	46	—	46
	下级技术员	70	—	70	—	—	—	70	—	70

续 表

职务		日本人			中国人			合计		
		男	女	合计	男	女	合计	男	女	合计
职员层	上级事务员	39	—	39	—	—	—	39	—	—
	下级事务员	81	18	99	55	2	57	136	20	156
	上级监督者	206	—	206	—	—	—	206	—	206
	合计	442	18	460	55	2	57	497	20	517
劳工层	下级监督工	—	—	—	736	251	987	736	251	987
	直接劳工	—	—	—	8 662	8 150	16 812	8 662	8 150	16 812
	间接劳工	—	—	—	623	77	700	623	77	700
	合计	—	—	—	10 021	8 478	18 499	10 021	8 478	18 499

备注：各公司详细的数据记录于附表4。

如上可知，除在下级事务员中有若干华人外，职员阶层中9成以上是日本人，而在劳工阶层中全部为华人。这一事实能够很清晰地说明殖民地经营方式的特征。

而工厂内部的指令系统又如何？在中国，由外商经营的工厂中，经常可见买办制度，或者包工头承包制度。然而在青岛日本纺织工厂的创立伊始并未存在过如此制度。或许在一小部分工厂中将包装或者煤炭装卸业务外包，但这在所有工厂中并不普遍。因此，可以说，各公司中一般性工厂的组织结构都是直辖，其形式如下图所示。

工厂作业命令系统

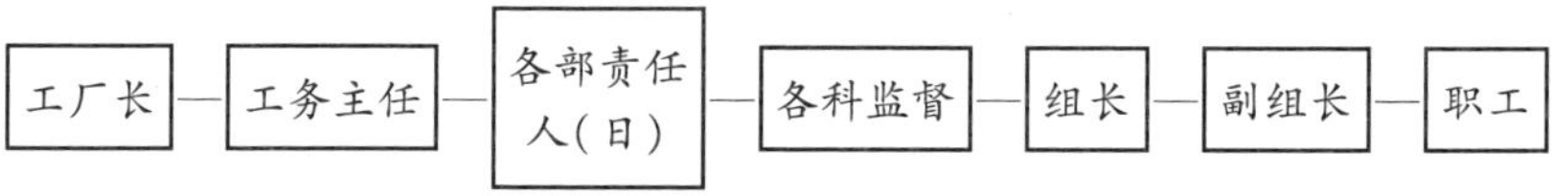

下达作业指令,使作业顺利运转,对能效有重大影响的职工的人事监督,主要属于人事科的职权范围。其结构如下图所示。

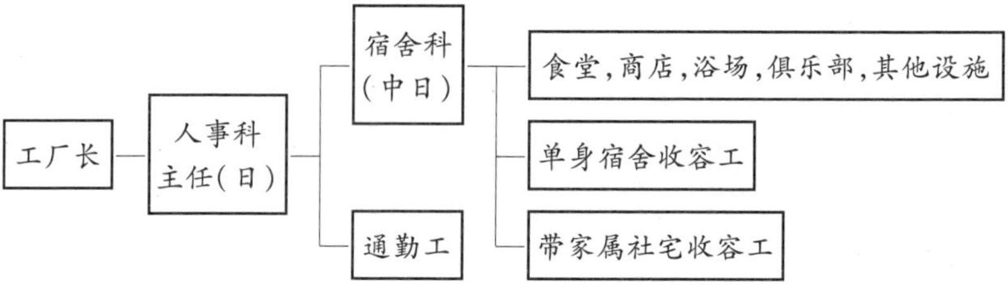

第四章　劳 工 编 制

现今,在中国的任何一家纺织工厂,都采用24小时两班交替制度。相应的劳工编制,自然分为白班(甲班)和夜班(乙班),以及一部分仅上白天的班(白专)组成。属于白专班的,是所有外部部门的职工和内部部门的机械维修工。

在上述编制中,各班之下又按作业分工,分工并非以劳工为中心,而是由工厂设备的生产流程相应要求而分,从这一点上看,纺织工业具备近代工业的特征。

近代纺织工厂的机械化工艺流程几乎是一成不变的,但有两点重要差异之处。一点是,在粗纱工艺流程中,旧有流程是经过始纺、间纺、练纺流程再到普通牵伸细纱,新的流程是采用高率牵伸装置。在后者中,粗纺工艺流程被简化,从单纺机的流程直接进入高率牵伸装置。另一点,织布部门中存在采用普通织布机还是自动织布机之区别。现将卢沟桥事变后青岛9家公司使用机械差别归类如下。

纺织部门

采用高率牵伸装置的公司:内外、丰田、上海、公大、同兴、国光

采用普通牵伸装置的公司:大康、富士、日清

织布部门

采用自动织机的公司:内外、大康、丰田、上海、同兴、日清、国光

采用普通织机的公司：公大、富士

相比采用普通机械，采用高牵伸装置和自动织机，能在技术上和经济上带来更大效益，必然能产生节约劳动力的效果。然而，在织布部门里仍然存在采用普通织机的大工厂。其坚持如此的理由，乃基于社会政策上的考量。在人工费便宜的中国，即使多使用一些劳动力，也不会对生产成本产生决定性影响。但从社会政策上的观点出发，多雇佣人力对稳定战后社会治安的国策①也是一种贡献。

然而，上面这些差异之处根本不能从根本上改变纺织机械工序的优先顺序。并且这些机械工序由于作业上的关系，室内粉尘、湿度的关系，与其他机械装置联动的关系，一般需要每隔一定的工序阶段安排空间。现将其用图表示如下。

纺 织 工 序

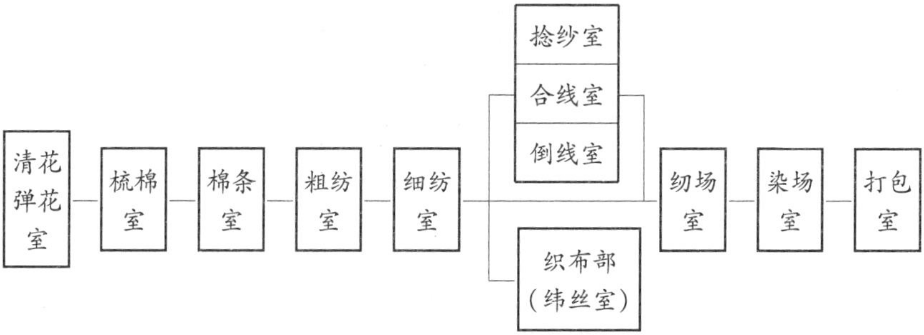

织 布 工 序

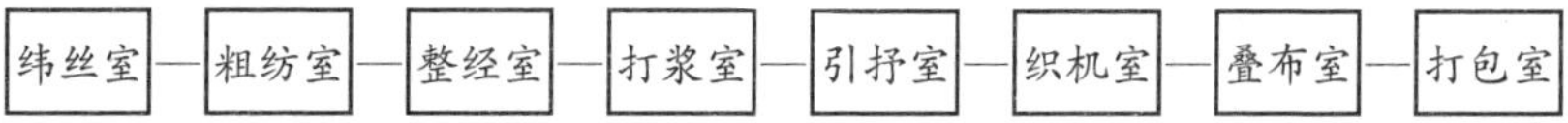

① 原文如此。——译者注

根据以上机械工序进行劳工配置之后,将进一步在每室内部进行劳工编制,各班构成情况如下表所示。这个说明中省略每室具体说明,仅描述大体情况。

表 4-1 劳工编制详表

职能	概要
监督	甲乙两班各有一人
组长	由各个室任命恰当数量人数。例如,清花、梳棉、棉条、束纱每个班有 1 人。粗纺、细纱、返卷、合纱、捻纱每 10 台至 15 台有 1 人,纫场每 25 台至 30 台有 1 人。一般由男工担当,很多还同时兼任注油工。
副组长	有一些工厂中,组长下面配置有副组长,常常由女工担任。
操作机械的工人	各室的操作机械的工人标准数量 纺织部 清花室　　每 1 组单　混打棉机 2 到 3 人 梳棉室——每 3 台 1 人 棉条室——每 3 台(粗,中,完工)1 人 普通牵伸的情况:每 1 台 1 至 3 人。 细纱室——每 1 台 1 人 返卷、合纱、捻纱——每 1 台 1 人 纫场室——每 1 台纫机 1 人 束纱室使用简单器具的手工工作 打包室——每台压机 1 人 织布部 卷纱室——卷纱机平均 50 筒 1 人(20 筒 1 台) 整经室——每 1 台整经机 1 人 浆纱室——每 1 台添糊机 1 人 引抒室——用经通器具手工工作,每一个经通器有减工、通工各 1 人操作 织布室——自动织机,每 14 台至 16 台 1 人

续 表

操作机械的工人	普通织机——每4台1人 叠布室——压延机每台1人 检尺机——每1台1人 叠机——每1台1人
辅助工	大件搬运工、巡视工、小件搬运工，木管工、皮带挂装工、各室清洁工，人员配备各室各不相同。
维护工	机械维修工，主要是专门从事该工种的男工。

各室劳工编制大致如上文所示。普通工厂人事，以及一般常见的人事编制，还有部室内部的编制在此并未涉及。只介绍了图示各室在机械工序上的人员配置。以下对青岛纺织9家公司统计的编制状态做概要介绍。

表4-2 青岛纺织作业各工序劳工编制概况

作 业	男工	女工	合计	以细纱为100的人员比例	各部人员比例
纺织部					
清花	393	2	395	9.0	
梳棉	526	44	570	12.9	
棉条	131	202	333	7.6	
粗纺	695	230	925	21.0	
细纱	1 646	2 759	4 405	100.0	
卷纱(合纱)	182	887	1 069	24.3	

续 表

作　业	男工	女工	合计	以细纱为100的人员比例	各部人员比例
捻纱	97	119	216	4.9	
纫场	652	1 153	1 805	41.0	
染场	219	17	236	5.4	
皮革	156	17	173	3.9	
试验	50	50	100	2.3	
捡花	42	115	157	3.6	
杂工	44	17	61	0.2	
合计	4 833	5 612	10 445	—	56.46
织布部				织布丅100时的人员比	
返卷	65	544	609	17.7	
粗卷	79	409	488	14.2	
整经	24	69	93	2.7	
浆纱	152	—	152	4.4	
经通	78	399	477	13.9	
织造	2 408	1 028	3 436	100.0	
叠布	166	296	462	13.4	
打包	2	—	2	—	

续　表

作　业	男工	女工	合计	以细纱为100的人员比例	各部人员比例
杂工	20	18	38	1.1	
加工	50	14	64	1.9	
合计	3 044	2 777	5 821	—	31.47
外部					
原动力	226	1	227	—	
电力	257	—	257	—	
铁工	490	—	490	—	
木工	328	—	328	—	
镀工	104	—	104	—	
瓦工及其他	739	88	827	—	
合计	2 144	89	2 233	—	12.07
总计	10 021	8 478	18 499	—	100

下面从职工的资格等级来看构成状态。职工的资格等级可分为：1. 干部职位的工级；2. 正式工；3. 试验工或者临时工；4. 见习工等四个等级。设置所谓的试验工或者临时工这一等级的目的，乃对新录用的有经验者进行技能考查以确定其正式工资，以及防止员工频繁辞职流动所带来的损失。这是在录用有经验者时采用的一种临时等级。这个考察期一般为 1 至 2 个月，所付工资也比正式工低，但比见习工要多一些。见习工根据从属部门和本人的技能水平也有一定差别，见

习期最短1个月,最长6个月,平均大概2至3个月后就会录用为正式工。录用的年龄以14、15岁前后较多。

由于各公司老员工的复职都还不充足,不得不录用较多人数的见习工和试验工。从这次的调查结果中9家公司平均而言,见习工和试验工之和,在全劳工数中的比例为14%。其中明确告知见习工和试验工比例的公司有大康、内外、上海3家工厂,从其平均数来看,见习工为55%,试验工为45%。

下面讨论劳工编制上男女性别比例问题。

华北棉纺织工业中,女工使用率的逐年递增,是众所周知的事实。今后女工使用率应该还会进一步急速上升。迄今为止,华北棉纺织工业中男工使用率一直较高的理由,包括:(1)因家族制度导致女子较少参加劳动的习俗;(2)女子缠足制度的存在使女子工作效率低下;(3)男女工在工资上差别较大。

其中(2)中谈到的缠足习俗,是妨碍女子就业增加最为重要的原因。

因此,在华日本棉纺织业若希望录用女工,一般仅限于在没有缠足习俗的青州、莱阳、平度等县招募。随着中国禁止缠足的法令在所有农村地区的普及,现今不缠足女子已渐至可为劳工的适当年龄。今后招募有参加劳动意向和具有相当劳动能力的女工,将会变得越来越容易。各工厂招募的劳工将渐渐集中于女工。

现今,因满洲和中国对劳动力存在大量需求,造成男性劳工供给日渐紧张,与此同时还导致男女劳工工资差距逐渐扩大的趋势。

今年由于事变导致治安恶化,来自农村地区的女性求职者缺乏,女工的明显不足,造成工厂不得不使用男工的局面。各公司中不同工序中男女劳工的比率情况可见如下表。

表 4-3　青岛纺织各级别劳工编制状态调查表(1939 年 7 月情况)

工厂	劳工级别	监督及调度员			正式工			试验工及见习工			合计		
		男	女	计	男	女	计	男	女	计	男	女	计
大康	人员	104	24	128	988	543	1 531	330	109	439	1 422	676	2 098
	比例%	7.3	3.6	6.1	69.5	80.3	73.0	23.2	16.1	20.9	100.0	100.0	100.0
内外	人员	27	38	155①	654	1 260	1 914	180	152	332	951②	1 450	2 401③
	比例%	12.3	2.6	6.5	68.8	86.9	79.7	18.9	10.5	13.8	100	100	100
上海	人员	45	48	93	816	1 071	1 887	253	100	353	1 114	1 219	2 333
	比例%	4.0	4.0	3.9	73.3	87.9	80.9	22.7	8.1	15.2	100	100	100
同兴	人员	90	27	117	730	1 166	1 896	150	59	209	970	1 252	2 222
	比例%	9.3	2.2	5.3	75.2	93.1	85.3	15.5	4.7	9.4	100	100	100
丰田	人员	66	21	87	526	1 259	1 785	120	200	320	712	1 480	2 192
	比例%	9.2	1.4	4.0	73.9	85.0	81.4	16.9	13.6	14.6	100	100	100

①②③　原文如此。——译者注

续 表

劳工级别＼工厂		监督及调度员			正式工			试验工及见习工			合计		
		男	女	计	男	女	计	男	女	计	男	女	计
国光	人员	75	13	88	1 079	432	1 511	120	80	200	1 274	525	1 799
	比例%	5.9	2.5	4.9	84.7	82.3	84.0	9.4	15.2	11.1	100	100	100
日清	人员	87	20	107	749	589	1 338	80	40	120	916	649	1 565
	比例%	9.5	3.1	6.8	81.8	90.8	85.5	8.7	6.1	7.7	100	100	100
富士	人员	42	20	62	595	327	922	33	99	132	670	446	1 116
	比例%	6.3	4.5	5.6	88.8	73.3	82.6	4.9	22.2	11.8	100	100	100
公大	人员	110	40	150	1 582	591	2 172	300	150	450	1 992	781	2 773
	比例%	5.5	5.1	5.4	79.4	75.7	78.4	15.1	19.2	16.2	100	100	100
合计	人员	736	251	987	7 719	7 238	14 957	1 566	989	2 553	10 021	8 478	18 499
	比例%	7.3	3.0	5.3	77.1	85.3	80.9	15.6	11.7	13.8	100	100	100

表4-4 各作业工序中男女劳工比率调查表

制表：1939年7月

一 纺织部

工序	男工使用率高的工序及其使用率	女工使用率高的工序及其使用率	总平均		备 注
			男	女	
清花	各公司皆用男工		99	1	因该作业性质，女工难以替代；女子中的“1”乃包括了丰田工厂的辅助工
梳棉	内外(100)、大康(100)、国光(100)、上海(100)、富士(100)、同兴(100)、日清(100)、公大(100)	丰田(68)	92	8	通常使用男工
棉条	国光(100)、公大(100)、富士(67)	内外(56)、大康(77)、丰田(100)、上海(84)、同兴(84)	39	61	
粗纺	内外(84)、大康(100)、国光(65)、日清(51)	丰田(81)、上海(67)、富士(52)、同兴(58)、公大(65)	75	25	
细纱	大康(75)、国光(63)、富士(91)、日清(70)	内外(81)、丰田(79)、上海(69)、同兴(67)、公大(70)	37	63	
卷纱、合纱		内外(93)、大康(96)、丰田(93)、国光(90)、上海(98)、同兴(95)、日清(58)	17	82	

续 表

工序	男工使用率高的工序及其使用率	女工使用率高的工序及其使用率	总平均		备 注
			男	女	
捻纱	上海(72)、同兴(59)	内外(93)、大康(100)、国光(62)、富士(52)、日清(71)	45	55	
纫场	国光(65)、日清(51)	内外(92)、大康(56)、丰田(77)、上海(69)、富士(52)、同兴(58)、公三(65)	36	64	
染场	内外(96)、大康(100)、丰田(100)、国光(100)、上海(91)、富士(70)、同兴(91)、日清(86)、公大(100)		93	7	因该作业的性质,男工较为合适
皮革工	内外(80)、大康(85)、丰田(65)、国光(92)、上海(100)、富士(100)、同兴(100)、日清(100)、公大(100)		90	10	
试验	内外(75)、丰田(64)、上海(100)、富士(63)	大康(85)、国光(75)、同兴(100)、日清(70)	50	50	
捡花	大康(75)	内外(100)、丰田(63)、国光(85)、上海(84)、富士(75)、同兴(69)、公大(74)	27	73	

二　织布部

工序	男工使用率高的工序及其使用率	女工使用率高的工序及其使用率	总平均		备　注
			男	女	
返卷		内外(86)、大康(86)、丰田(94)、国光(75)、上海(83)、同兴(95)	11	89	
粗卷		内外(42)、大康(92)、丰田(100)、国光(75)、上海(83)、同兴(96)、日清(83)、公大(70)	16	84	
整经		国光(69)、同兴(100)、公大(50)	26	74	
浆纱	各公司皆使用男工		100	—	
经通		内外(91)、大康(87)、丰田(90)、国光(83)、上海(93)、同兴(89)、公大(63)	16	84	
织造	大康(100)、国光(96)、上海(53)、富士(60)、同兴(17)、日清(89)、公大(100)	内外(77)、丰田(80)	70	30	
叠布	大康(45)	内外(71)、丰田(82)、国光(57)、上海(56)、同兴(73)、日清(74)、公大(61)	36	64	
打包	国光(100)		100	—	

续 表

工序	男工使用率高的工序及其使用率	女工使用率高的工序及其使用率	总平均		备 注
			男	女	
杂工	内外(62)	国光(72)	53	47	
加工部	国光(78)		78	22	

三 其他周边部门

工序	男工使用率高的工序及其使用率	女工使用率高的工序及其使用率	总平均		备 注
			男	女	
原动力	内外(97),其他公司皆使用男工		99.7	0.3	
电力	各公司皆使用男工		100	—	
铁工	各工厂皆使用男工		100	—	
木工	各工厂皆使用男工		100	—	
镀工	各工厂皆使用男工		100	—	
其他杂工	公大(89)、大康(86)、内外(84)、国光(91)、丰田(90)、同兴(91)、富士(100)、上海(97)、日清(100)		89	11	

备注：各公司实际的详细数量请参考附表5。

第五章　轮班制、劳动时间、休息日

青岛日本棉纺织企业具有对中国法律的治外法权，同时也不适用日本国内的《工厂法》。劳动时间的相关制度遵守青岛棉纺织同业会的规定或协议，原则上各工厂应采取相同的制度。这一状态和中国工厂法的规定相对照，中国工厂法明显还更糟糕些。然而，事实上中国法律不过为一纸空文，与其对照实际上毫无意义。事实上，在华日本棉纺织企业的待遇和中国本土工厂中工人的待遇相比要优越得多。下表概括了在青岛的9家公司的时间制度。

表5－1　青岛9家公司的时间安排表

项　目	公　　司	摘　　要
换班制度	各公司一致	两班交替
轮班日限	各公司一致	一周
轮班日	各公司一致	每周日
轮班日业务	各公司一致	昼班休息
规定的劳动时间	各公司一致	每班12个小时
实际劳动时间		昼班为上午7点至下午7点 夜班为下午7点至次日上午7点

续 表

项 目	公 司	摘 要
休息时间	公大、上海、内外、富士	午饭 30 分钟
	国光、大康、同兴、丰田、日清	午饭 30 分钟,上下午 15 分钟,共 3 次 白专班及维修工各公司均为 3 次
具体劳动时间	公大、上海、内外、富士 国光、大康、同兴、丰田、日清	每班 11 个半小时 每班 11 个小时
公休日	各公司基本一致,仅存在若干差异	每月固定休息日 2 天 元旦 1—2 天 春节 3—5 天 天长节、纪元节、陆海军纪念日、中国三节调休至每月固定休息日
年间工作日数	各公司存在若干差异	334 天到 336 天

在午饭 30 分钟休息时间中,大部分公司的机械不会停止运转,吃饭和休息采用半轮交替制。内外和大公等纱厂则会停止机械运转。为了午饭用餐和休息上的方便,各家公司都备有独立于工作场所之外的食堂兼休息设施。对成人工和少年工在劳动时间上没有差别。另外,随着季节而休息时间也会发生变动,在夏季会延长休息时间。因今年发生事变这一特殊情况,工人临时休息的机会也相应增多。因此年度的工作日,即使不计入减产的工作时间,也预计比往年来得少。

(参考)国民政府《工厂法》摘要

第八条

成年劳工的劳动时间原则上为 8 小时,但因地区及生产上的特殊情况，不得已的情况下可延长至 10 小时。

第九条

实行昼夜交替制的工厂，必须每周轮换一次。

第十条

第八条规定的时间因天灾、事件、季节关系可以延长。但是一天劳动时间不得超过 12 小时，一个月内不得超过 36 小时。

第十一条

童工劳动时间不得超过 8 小时。

第十二条

童工不得在下午 7 点至第二天早上 6 点时段劳动。

第十三条

女工不得在下午 10 点至次日早上 6 点时段劳动。

（但是，本条规定在中央政治会议第 282 次会议决议 2 年内为暂缓实施期间）

第十四条

所有工人连续工作 5 小时后应给与 30 分钟休息时间。

第十五条

所有工人每 7 天出勤应给予 1 天休息日。

第十六条

政府规定的法定纪念日应为休息日。

第十七条

所有员工连续工作一定时期,应给予特别休假。休假时间如下。

(1)连续工作时间一年以上三年以下,每年7天。

(2)连续工作时间三年以上五年以下,每年10天。

(3)连续工作时间五年以上十年以下,每年14天。

(4)连续工作时间十年以上,在14天基础上每一年增加一天,但每年假日数以30天作为上限。

第十八条

对第十五条至十七条中规定的休息日和休假日,应支付平常收入的工资。对于不希望特别休假的员工,在特别休假期间应给予高于平常工资的报酬。

第六章　薪　　酬

中国劳工的薪资在世界上处于较低水平，这给外资工厂殖民地式经营提供了充足的人力基础，因此日本在华棉纺织工厂居于决定性的有利地位。资本家对劳工的压榨虽然是一个问题，但中国劳工的薪酬究竟是高还是低，从劳工的立场来看不过是生活费的问题，但从企业立场而言，则要具体分析其与生产效率的关系。要分析中国所谓的低工资现象，就必须要清楚地讨论这些问题。对于这一点在后面的章节中，还会尽可能地加以讨论。本章首先要调查清楚最近工资上的变化情况。

一　工资上的变化

因事变后华北物价的飞涨和劳动供需关系的变化，导致近期劳工工资明显上涨，其变化如下。

表 6-1　青岛棉纺织劳工工资变化①

月　别	见习工		熟练工		特殊工	全工种平均	全工种平均以事变前为基准
	男	女	男	女			100
事变前	25	23	50	42	64	46	100

① 原表无计量单位。——译者注

续　表

月　别	见习工		熟练工		特殊工	全工种平均	全工种平均以事变前为基准
	男	女	男	女			100
1939年1月	33	29	59	48	69	51	110
2月	34	30	58	48	71	53	115
3月	36	32	58	51	71	55	120
4月	37	32	60	54	73	55	120
5月	39	34	63	55	75	57	124
6月	40	34	64	57	76	59	128

备注：

1. 9家工厂的平均数。
2. 各家公司的详细情况参考附表6。

二　工资构成

棉纺织工人的工资采用与劳动工种和工人资历相挂钩的制度。在同一家公司的经营管理下，有根据劳动时间计算工资者，有根据产量计算工资者，以及时间和产出各占一半来计算工资等不同形式。现在也有公司对全部职工进行按天计算工资者。这不过是复工初期因机械工序的全效率未能发挥出来所采取的临时措施，并非常态。

通常全部外部职工以及内部弹花工、梳棉工、调度员、见习工、临时工采用按日付工资的制度。纺织部从棉条至染场的正式工，织布部从原纱生产至织布的正式工，采用按产量付工资的制度。但是按产量支付工资的制度中，又划分出四类，包括单纯按产量支付工资制、考虑工人熟练度的复合产量工资制、半日薪半产量工资制，以及与个人产出工资制相对的集体产量工资制。其他的还有外包工资制等。

现将一般情况下从事各职务职工资历等级的工资支付情况，于以下一览表中概括。

表6－2 纺织劳工工资构成一览

工资形态	支付的职务和资格等级
日付制	见习工，临时工，杂工，调度员 正式工： （纺织部）弹花、梳棉、皮革、试验、捡花、保修工 （织布部）浆纱、打包、保全工 （外部）原动力、电力、铁工、木工、镀工、瓦工、其他 但是，有些公司中捡花采用单纯产量工资制；外部的铁工、木工、镀工、瓦工采用集体外包制。
产量工资制 1 单纯产量工资制	（纺织部）棉条鍊攸①、粗纺、卷纱、合纱、捡花 （织布部）原纱、粗卷、整经、经通
2 复合产量工资制	（纺织部）细纱——根据负责支数的产量计算 （织布部）织机——根据负责的织机的产出量计算
3 半日付半产量工资制	以内外棉纱厂为例，织布部的卷返、经通、织机都采用半日付半产量制。其他还有2、3家公司也采取同样制度。
4 集体产量工资制	在细纱机还未安装恒温器设备的工厂中，对于细纱室采用集体外包制，工资按照职工的分数（由在岗年数、熟练程度决定）来分配。 （国光纱厂等一两家公司采用此制度） 各家公司的染场都采用按照分数进行工资分配的集体产量工资制。
5 把头外包制	装卸工，煤炭装卸工

备注：在公大公司，因机械设备还没有完全开工，所有职工采用日付工资制。

① 鍊攸，或译“松条”，棉纺织业术语，意为将拉长的棉线搓到一起使其变粗。——译者注

三　工资支付方法

除装卸工、拉煤工等采用外包制度的一小部分工种以外，其他所有工人都采取直接计算、直接支付于个人的方式，因此并不存在压榨工人的中间环节。大多数公司都采取每月支付一次工资的方式，公大和其他一两家纱厂采取月中内付制度。计算工资的最终日和支付日之间通常有10天的间隔，目的是为了约束劳工的随意调动。除此之外，也有的公司把1元以下，或者50钱以下的零头改至次月支付。工资的支取，由劳工本人拿职工卡至人事部门当面领取。当天值白班或者没上班的情况，支付日通常可延后2到3天。

表6-3　工资支付方法一览

工厂	每月支付次数	最终日	支付日	最终日和支付日之间的间隔天数	其他保留金额	摘　要
上海	1	25日	次月3、4日	13—14		
大康	1	20日	28日	8		
公大	2	22日	月末	8	1元以下的零头改至次月	两次支付中的1次是内付
富士	1	20日	30日	10		
国光	1	15日	25日	10		不允许提前支取
丰田	1	20日	月末	10		

续　表

工厂	每月支付次数	最终日	支付日	最终日和支付日之间的间隔天数	其他保留金额	摘　　要
内外	1	25日	30日	5		不允许提前支取
日清	1	22日	大30日 小29日	7—8	1元以下零头到下月	
同兴	1	25日	次月上旬	约15		

四　基本工资占比和基本工资情况

像棉纺织工厂这样由不同工种有机结合形成的经济组织，首先有必要对各工种、各工序在职业技能上的相对价值进行评估。在此基础上，决定各工种是实行日付工资制还是产量工资制。然而，对于产量工资制，需要根据工作的性质确定适当的基本工资率。制定基本工资率的目的，是为了确保工人最低生活费用。青岛各棉纺织工厂中，同一工作，通常男女职工之间的基本工资占比没有差别。但根据经验及数量上的不同，设计出不同等级作为一项激励制度。另外，各季节的工作时间没有变化，但有些工厂会在炎热的酷暑期间，相应提高一点采用产量工资制工人的基本工资率。下表中基本工资率的标准指标，是以某家工厂为例，相对价值的决定因素包括入职时间、劳工年龄及性别、操作机械的能力、操作动作的难易、劳动强度、工作环境的卫生及危险情况等。另外，产量工资制工人的基本工资率参考大体标准，没有涉及熟练程度的等级划分。

表 6-4 各工种工资基准和基本工资率示例表

职别	基本工资率指数	细纱50钱	计算单位	1人次标准量	基本工资率案例	摘要
纺织部清花	115	57.5	日付			男工
梳棉	110	55	日付			男工
棉条	105	52.5	hanku	S16 = 25 hanku S20 = 27-28 hanku S32 = 30-32 hanku	S16 = 2.20 钱 S20 = 2.00 钱 S32 = 1.87 钱	女工或者男工
粗纺	110	55.0	Hanku	S20 = 8 hanku S30 = 9-10 hanku	S20 = 0.80 钱 S30 = 0.68 钱	女工或者男工
细纱	100	50.0	持枕数，重量或者考虑 hanku 数	S16 = 50 枕 S20 = 70 枕 S32 = 100 枕	S16 = 1.30 钱 S20 = 0.90 钱 S32 = 0.63 钱	大体为女工
卷纱	100	50	100 布封①或者笼数	S20 = 200 布封 S32 = 180 布封	S20 = 0.28 钱 S32 = 0.30 钱	大体为女工
合纱	100	50	同上	同上	同上	同上
捻纱	100	50	持枕数，重量或者考虑 hanku 数	S42/2 = 50 枕	S42/2 = 1.30 钱	同上
纫场	100	50	1 车	普通 = 55-60 车 自动 = 80-100 车	普通=1.00 钱 自动=0.66 钱	男工或者女工
染场	120	60	一捆或者1团	每人 3 捆左右	全体按照外包点数分配	男工

① 封度，指的是布横向两侧布边到布边的宽度，又叫“布封”“封宽”。——译者注

续 表

职别	基本工资率指数	细纱50钱	计算单位	1人次标准量	基本工资率案例	摘要
皮革	95	47.5	日付			主要是男工
试验	100	50.0	日付			男工及女工
捡花	80	40.0	日付或者选上数量			女工
杂工	90	45.0	日付			同上
调度员	130	65.0	日付			主要是男工
(织布部)原纱	100	50	布封贯两数或者半日十杯数			主要是女工
粗卷	100	50	同上			同上
整经	115	57.5	一万码	普通4—5万码 高速6万码	10钱左右	同上
浆纱	110	55.0	日付			男工
经通	90	45.0	Bimu根数	2人一组=6—8根	5钱左右	女工
织造	120	60	持有台数×织成码数	自动32台 28台 24台 20台 16台 12台 10台	80钱 75钱 70钱 65钱 60钱 56钱 50钱	主要是男工
叠布	100	50				男工或者女工

续　表

职别	基本工资率指数	细纱50钱	计算单位	1人次标准量	基本工资率案例	摘要
打包	120	60.0		由于织布完成数不统一,每人大约10捆	全体外包点数分配	男工
杂工	90	45.0				女工
调度员	130	65.0				男工
(外部)原动力	130	65.0	日付			男工
电力	130	65.0	同上			同上
铁工	130	65.0	日付或外包			同上
木工	125	62.5	同上			同上
武力	125	62.5	同上			同上
瓦工	125	62.5	同上			同上
其他工务	120	60	同上			同上
人事、仓库	110	55.0	日付			同上
杂工	90	45.0	同上			同上
调度员	140	70	日付			日付

备注:1. 基本工资指数是以细纱作为100的基准。
2. hanku是长度单位,棉条、粗纺、细纱各自的长度是不一样的。
3. 棉条用的粗纺机有hanku计量仪,最近的精纺机上也有安装。

下面，再来考察各职务基本工资的额度。

所谓基本工资，就是为规定工作时间的劳务而支付的、并不包括附属补贴的薪资。因此，不应包含如临时性物价补贴之类的津贴。青岛各家棉纺织厂，为应对显著的物价上涨，基于今年4月的协定，额外支付占标准工资十分之一的物价补贴，四方地区的工厂多增加了十分之一。

据调查结果，该补贴被算入基本工资之中。下表中的补贴，在实际操作中并未从基本工资中分离出来计算。从劳工方来看，补贴是和规定工资分开的。不过也有模糊之处，不管如何，可以视为工资中已包含补贴。见习工最初上任的工资与基本工资的支付状况如下。

表6－5　9家公司各部门见习工初上任时的工资表

职　别	内外	公大	上海	同兴	富士	丰田	国光	日清	大康
纺织部									
清花	44	40	35	40	40	45	40	45	40
梳棉	44	40	35	38	40	45	40	45	40
棉条	38	35	—	37	32	40	38	42	40
粗纺	38	35	35	37	32	—	38	42	40
细纱	男29 女29	30	男30 女28	33	30	38	30 27	43	28
卷纱	29	33	30	—	—	38	30	41	30
纫场	33	—	—	—	31	—	—	42	30

续 表

职 别	内外	公大	上海	同兴	富士	丰田	国光	日清	大康
染场	38	—	—	—	35	—	—	—	—
织布部									
粗卷	29	—	—	—	—	—	—	40	33
整经	39	—	—	—	—	—	—	42	36
经通	29	—	—	35	—	—	—	43	33
织造	31	35	35	38	40	45	35	44	35
外部技术工	各公司皆35钱至45钱								

五 附加工资

附加工资包括:(1)加班补贴;(2)全勤及精勤奖励;(3)物价补贴;(4)年终奖金等4种。有些情况下,年终奖金也被认为是工厂单方面给予工人的奖励,不划入附加工资,而应被视为福利待遇。但本报告将基本工资之外所支付的一切金钱都合称为附加工资。事变前,在上述附加工资之外,还有一些工厂会支付年功补贴等其他补贴。事变后,这些补贴都包含在工资中,变得更为简明。事变后,各工厂支付的物价补贴与全勤、精勤补贴,只有全勤或精勤者方可获得这部分补贴,缺勤者则会被扣除之。年终奖金只付给普通调度员和特殊工,不支付给普通劳工。下面是各公司中附加工资支付的情况。

表 6-6　见习工基本工资表(只选取其中一家公司作为实例)

制表时间：1939 年 7 月 1 日

职别	男工						女工						男女工，及日付工，外包工的平均
	日付工			外包工			日付工			外包工			
	最高	最低	平均	最高	最低	平均	最高	最低	平均	最高	最低	平均	
（纺织部）													
清花	130.0	47.0	60.3	—	—	—	—	—	—	—	—	—	60.3
梳棉	100.0	47.7	57.7	—	—	—	—	—	—	—	—	—	57.7
棉条	92.2	50.8	63.0	66.6	48.9	62.2	—	—	—	65.0	47.5	56.2	60.2
粗纺	122.7	45.0	69.1	92.6	59.8	68.5	—	—	—	65.7	55.4	60.9	67.9
细纱	134.9	43.0	64.4	—	—	—	74.0	44.6	63.3	81.6	45.0	62.0	62.7
卷纱	99.5	44.0	63.0	—	—	—	80.4	68.5	74.5	78.2	39.7	56.9	57.5
捻纱	102.8	45.9	64.7	—	—	—	83.0	83.7	83.0	71.0	45.0	61.0	62.8
纫场	96.1	50.1	62.9	—	—	—	69.3	41.8	56.7	89.1	51.5	64.0	63.4
染场	99.3	75.0	89.5	71.3	54.3	63.6	—	—	—	54.8	54.5	54.5	64.1
试验													
皮革													
捡花													

1. 加班补贴及与基本工资的比例

表 6－7　加班补贴与基本工资的比例表

工厂	支　付　率
公大	每小时工资与基本工资的比例是 12/10
大康	日付工 1/10，产出工根据产出量,日付工和产出工两者均供给 2 个馒头
上海	每小时工资 1/10,缺勤者较多,劳动时间过长的情况下以 3/10 为上限增加加班工资
富士	每小时 1/10
丰田	同上
同兴	同上
国光	同上
内外	2 小时以内,支付于买馒头的费用 10 钱,2 小时以上每小时 10 钱,连续工作者在基本工资之外附加 20 钱
日清	每小时 1/10,3 小时以上的加班支付伙食费

2. 全勤和精勤奖励

各工厂均采用对缺勤者给予扣除这部分奖励,只奖励给全勤者和精勤者的方法。

3. 物价补贴

表 6－8　物价补贴表

工厂	支　付　率
公大	平均为基本工资的 10%,但对缺勤者扣除之

续　表

工厂	支　付　率
大康	3日以内勤勉工作者,男工每天10钱,女工每天7钱,3天以上的人不支付
上海	全勤者为基本工资10%,缺勤1天为8%,2天为6%,3天为4%
富士	1939年5月开始,每月收入的10%,工手支付7元
丰田	全勤者每月3元,缺勤者每缺勤一天扣除10钱
同兴	全勤者为10%,缺勤1天为8%,2天为6%,3天为4%
国光	同上
内外	基本工资41钱以下,支付每月1.30元,41钱以上支付每月1.50元,7月以后增加一倍
日清	全勤者,缺勤1天者为每天10钱,2天以上3天以内缺勤者为8钱,4天—5天为7钱,5天以上缺勤者,作为面粉费一律给5钱。

4. 年终奖金

表6-9　年终奖支付表

工厂	支　付　率
公大	1年2次(1月、7月) 普通工工作半年以内20钱,之后每增加半年平均每年增加20钱,最高2.50元 女子特殊工(一直在岗及成绩优秀者) 从1等至15等,根据等级划分,最低(15等)2.5元,最高(1等)16.00元 调度员分为1至5等五个等级 5等:4.50元—5.00元 4等:5.00元—7.00元 3等:10天至22天的工资 2等:25天至37天的工资 1等:40天至60天的工资

续 表

工厂	支付率
大康	1年2次,2至3元,但只支付给长期在岗者
上海	不支付给普通工,但给每人价值40—50钱的奖品;调度员每年2次,最高15元,最低4元,平均7元左右
丰田	普通工不支付;调度员每年2次,平均10元左右
富士	普通工不支付;调度员及特殊工每年2次;调度员男工最高15元,最低4元,平均8元;女子特殊工最高10元,最低4元,平均6元
同兴	普通工不支付;但是发给每人平均约1元50钱的红包
国光	普通工不支付;调度员最高20元,最低3元,平均5元;女子特殊工,最高8元,最低1元,平均3元
内外	普通工在岗不满3个月30钱,不满6个月50钱,6个月以上最高12元,不满一个月不支付;前期成绩平均1.14元,监督及调度员最高15元,最低8元

六 实物工资

实物工资,即将支付给工人货币工资的全部或一部分,采用实物来代替。在青岛的9家棉纺织工厂中,几乎没有看到支付实物工资的例子。勉强可视为例子的,是有的工厂将馒头作为加班补贴,以实物形式支付给工人。事变前,各工厂曾把面粉以便宜的价格售于工人,但这并非为替代工资,不过为发放给职工的一项福利。从工厂方面来说,也并未因此而减少工资。事变后,因面粉市场价格异常高涨,易于出现劳工将分得的面粉转卖他人的情况,故各工厂统一废除了该制度。此外,工厂宿舍及附带由工厂负担水费、电费的情况,也皆可归属于福利待遇。少部分工厂有将宿舍居住者房租从工资中抵扣的现象,这种抵扣可归类于实物工资。然而,实际情况是,任何工厂的宿舍入住者和非入住者之间,并没有工资待遇上的差别。也没有找到与城市一般通勤工人相比,棉纺织工厂的宿舍入住工的工资特别低的证据。由此可见,青岛棉纺织工厂中几乎不存在实物工资这种工资支付的形式。

七 工资扣除

工资扣除,是指某工厂从劳工工资中恒定扣除的部分,包含健康保险、互助保险、强制储蓄等。代表华北工厂现代化水平的日本棉纺织厂,并未看到此类制度的存在。将棉纺织工厂劳工工资中被公司扣除费用种类进行总结,可见如下。

(1) 房租,仅限于公司宿舍入住者,并且只限于收取住宿费用的工厂。

(2) 水电费,一般包含于房租中。

(3) 伙食费,公司宿舍的食堂伙食费,自己做饭的员工除外。

(4) 煤炭费,仅限于提供煤炭的棉纺织厂,且仅限于冬季。

(5) 劳保品费用、工具及工作服费用。

(6) 商店商品的赊账,仅限于可在指定商店进行赊买及扣除相关费用的工厂。

(7) 罚款,将工厂内材料、产品等非法带出的罚金。

最后提到的罚款,系指当员工非法带出的行为被发现后应缴纳的罚金。各工厂中此类案例很多。以内外棉纱厂为例,每月不低于 20

例。据富士纱厂反馈,因非法带出造成的损失,相当于每人每月工资上涨2钱。甚至有纺织部门的劳工将物品缠绕于身上后带出工厂。还有“纫部”的职工将纫纱藏于衣服内带出工厂的情况。各工厂都制定了各种防范、检举的措施,例如,在工厂的入口处一次仅能供一人进出,考勤监督人员站在门口,对出门的员工进行身体检查。职工的考勤登记册上,罚金栏与房租、食品费等为并列事项,可视为非法带出物品的行为乃一种常态。

以公大纱厂为案例,煤炭的支付为每年严寒的十二月、一月、二月三个月期间,对入住工厂宿舍的劳工提供每月上限200斤煤炭的折算费用。(5)中提到的劳保用品费用情况如下所示(注:只是临时的情况)。

(表)劳保用品及价格

表6-10　劳保用品及价格

品　　名	出　售　价　格
结筛镰	4钱—5钱
同台	8钱—10钱
真铸制钥匙	21钱—28钱
剪子	12钱—16钱
金梳	4钱—6钱
棉布袋	16钱—23钱
箴通	4钱
水手刀	1元

续 表

品　　名	出售价格	
扳手	1次50钱,分次支付	
起重机	64钱	
凹钩	65钱	
钳子	6钱	
帽子	男	最高36钱
		最低14钱
	女	最高25钱
		最低15钱
前褂	男	最高40钱
		最低20钱
	女	最高45钱
		最低20钱
其他	略	

表6－11　补贴方法

工厂名	补　贴　方　法
富士	实费的半额由会社补助,半额由本人负担
公大	在指定小卖部贩卖的实物,一般价格乃实费或者实费以下,差价由公司负担

续 表

工厂名	补 贴 方 法
上海	关于新录用者,丧失无偿借贷资格时征收实费,在辞职时要返还差价
内外	实费
国光	同上
大康	同上
丰田	同上
同兴	同上
日清	同上

其他(1)(2)(3)(6)项,在福利设施的章节中进行说明,在此省略。为助于理解工资扣除情况,将内外棉某职工的工资计算表列举如下。

表 6-12 职工考勤簿之一页

6 月份 纺织部 102 号			
工 数		合 计	15.70
正式工工资	15.60	物品费	0.30
前期留存金	0.10	食券费	
		减 薪	0.20

续 表

		房屋租金	0.40
总　计	15.70	后期留存金	0.30
支付金	14.50	责任人印	

备注：减薪是针对不当行为的一种罚款，上票的下面是一个月的出勤表和勤怠簿，记录姓名、年龄、班类、工时数等。

第七章　福 利 设 施

福利设施的概念起源于美国，是基于对美国移民劳工贫困生活同情、进而予以改善而产生的概念。作为产业设施取得进步的根源，则在于顺应以保护劳工为目的的产业和社会政策的要求，在此过程中虽然企业自身做出牺牲，但获得在劳动力管理上的好处。日本棉纺织业特有的发达宿舍制度与通宵工作制度存在非常密切的关系。宿舍寄宿制度和昼夜交替的劳动制度之间相互依存、互为利益，为日本棉纺织工业的发展奠定基础。也就是说，福利设施的动机，与其说是对劳工的优待，不如说是满足企业运营的利益需要。关于所获得的利益，可以列举出以下几点。

(1) 确保良好的出勤率

像棉纺织工业这样连锁性的流水作业，其中只要有一个工序的劳动者出勤率不高，就会对整条工序链作业造成消极影响。一般来说，通勤工的缺勤率较高，并且易于产生因回乡造成长期缺勤的情况。在这一点上，员工入住工厂宿舍，出勤率能够确保好得多。

(2) 劳工的保护监督及抑制其调动

多数劳工是出身农村的女子或年轻男工，在确保劳工数量、监督保护、减少调动方面，入住工厂宿舍的效果最好。

(3) 确保出勤时间

迟到、工作交接不顺畅等原因，都会严重影响工作效率，通过入住宿舍可以有效防止上述弊端。

（4）工厂精神的培育

为了提升生产效率、优化产品品质、让员工更好地协同工作，近代工厂非常重视工厂精神的培育。为实现这一点，集体性的宿舍生活乃最好方法。培育工厂精神，在引导劳工思想、预防劳资争端等方面，可以起到很好的效果。

这些优点同样适用于在中国的棉纺织工业。因此日本在华棉纺织业将日本国内的宿舍制度也引入中国。青岛纺织的福利设施中，住宅设施最为重要。其他如洗浴室、俱乐部、运动场、商店、食堂、低价理发店、教育设施等，都附属于住宅区。通勤工则无法享受到这些福利。下面分别说明各种设施的情况，针对日本人的设施则不于此讨论。

一 住宅设施

（1）设施

青岛各纺织公司的职工住宅，大致由工厂外规划宽广的片区建设而成。在此次事变中，工厂遭到彻底破坏。住宅设施因成为中国军队的宿舍，反而大部分得以保持原状。重建时经过必要的修缮后，其大部分已经恢复至原有状态。这些建筑设施有与中国劳动者并不匹配的豪华，相较日本劳工的住宅也毫不逊色。曾有中国方面的要员来参观日本棉纺织工厂职工的住宅和职工的生活状况，发出“这已达到中国中产阶级以上生活水平”的感慨。以下是各家工厂住宅设施的数量、构造等方面的一览表。

表 7-1　青岛各棉纺织工厂华人住宅设施调查表

会社	种类	数量		总坪数	构　造	建设年月	每坪价格
		栋数	户数				
富士	携家属 单身	19 13	207	98 456 97 342	砖瓦造 平房	1921 年至 1922 年	现在价格　80 元 72 元
丰田	携家属 单身	39 8		2 491 272	同上	1923 年至 1924 年	改造评定价　83 元 80 元
同兴	携家属 单身		}172	1 370	同上	1935 年	建设价格　约 70 元
公大	携家属 单身	88 5	536 80	4 562 896	同上涂混凝土 二层建筑	1923 年末至 1924 年 6 月	建设价格 银 15 028 两
上海	携家属 单身		60 176	853 2 507	平房 涂混凝土	1935 年 7 月	建设价格　约 70 元
内外	携家属 单身	 1	750	3 433 46	同上	1919 年 10 月 1922 年 10 月 1936 年改造	改造价格　74 元 75 元
日清	携家属 单身		}30	1963	同上	1922 年 11 月	建设价格　54 元
大康	携家属 单身	 2	328	1952 1842	同上 二层建筑	1920 年	建设价格　约 60 元

续 表

会社	种类	数量		总坪数	构 造	建设年月	每坪价格
		栋数	户数				
国光	携家属单身		363	2 805	砖瓦造平房	不详	不详

备注:

1. 携带家属的住宅分一、二、三等。

2. 建设费是从青岛土木建筑协会长服部组处获知,每坪单价大致如下:

事变前　砖瓦造平房　50 元—60 元

事变后　砖瓦造平房　90 元—110 元

　　　　日本人住宅　200 元左右

以上比较的是工厂建设费

事变前　木构架　140 元—150 元

事变前　铁构架　160 元—170 元

事变后　木结构　250 元—260 元

铁构架及铁材目前的价格达到事变前的 6—7 倍,与估价不符合。

社宅债务偿还预定年限约 20 年(内外、上海)

(2) 室内设备,附属设施及居住情况

社宅每户的室内面积分为 A、B、C 三个等级,其中 A 级(华人职员及干部员工住宅)是 10 至 12 坪,B 级是 6 至 8 坪,C 级是 4 至 5 坪。其中客厅占三分之二,剩下的三分之一是有炕或者板床的卧室。大部分的工厂住宅都有板床或者水泥制的炕,买下原中国工厂的国光纱厂的住宅条件稍微差一些。家庭中如果家人数量较多且特别是需要有更多卧室的情况下,可以各自用箱板等加工成床。其他的室内设施则放置于客厅一角的灶台,有些有置物架,有些没有,极其简朴。关于天花板的高度,在所调查的范围内,内外棉纱厂为 9 尺,同兴纱厂为 9.5 尺,富士纱厂为 10.5 尺,大康纱厂为 12 至 14 尺。炕的高度最低为2尺1寸,最高为3尺。房子在采光和通风上充分考虑楼栋间距、窗户设置等,与一般农民的住宅及城市里的民宅相较,更利于健康。还有上海、公大等纱厂的宿舍住宅,每户都有水泥围墙或者铁丝网围起来的院子,并且每户都有放置杂物的房间。关于用水设施,大部分的公司铺设了水管,每一到两栋配置一个公用水龙头。且大多都会在水龙头附近设置洗衣间。丰田、国光、同兴等纱厂通过抽水机将井水抽来使用。关于厕所,上海、公大等纱厂,每一到两户就会设置大小便厕所。其他纱厂大致每一栋楼设置一个抽水式公共卫生间。

以上是以携带家属入住的社宅为基础所做的说明,单身宿舍则并没有明显的差异,只是房间的设计稍微宽裕些,炕设计得横向较长。一户的面积可以入住8到10人,一户的入住者仅限于同乡,通常入住者中的一人将其在老家的母亲招来,给全屋人做饭。以上所述的是全屋人都是同一班次劳工的情况,单身宿舍和携带家属的宿舍不同之处,是上白班的劳工和上夜班的劳工可错开使用,因此其入住能力为实际的2倍。

(3) 单位面积的容纳能力

每坪建筑的劳工容纳能力,是由就寝的炕或者板床的面积作为基础来计算的。有些无视劳工的身体健康,在客厅搭建床以尽可能增加入住人数的特殊情况,并不能视为标准的容纳能力。通常情况下,携带家属入住的宿舍中,炕的面积是房屋面积的三分之一,单身宿舍中炕的面积是房屋面积的二分之一,也就是说6坪的家庭宿舍中,炕的面积是2坪;8坪的单身宿舍中,炕的面积是4坪。家庭宿舍中1坪的炕上可睡下2—3人(夫妻和1个幼儿),单身宿舍中为2人,这是比较正常的表示容纳能力的数字。

从房屋面积计算出每坪的容纳能力如下：

表 7－2 每坪建筑的容纳能力一览表

	建筑面积	炕面积	容纳人数	每坪容纳人数
家庭宿舍	6 坪	2 坪	5	0.83 人
单身宿舍	8 坪	4 坪	8×2	2.00 人

（4）如今的容纳人数

如今，各家工厂都有一部分的宿舍，甚至有些工厂将超过一半的宿舍提供军队使用，因此对劳工的容纳能力严重不足。所以不得不采取一些非常措施，比如将家庭宿舍代替单身宿舍，或者在家庭宿舍中让单身者一起入住等。下面是各家工厂男女职工的宿舍容纳人数和通勤工的比较情况。

表 7－3 各家工厂宿舍容纳人员调查表 1939 年 7 月

工厂名	男工	女工	合计	家庭	全部从业员之比		
					男工	女工	计
富士	130	190	320	100	19	43	29
丰田	216	674	890	306	30	46	41
同兴	262	634	896	81	27	51	40
公大	476	228	704	421	24	29	25
上海	148	373	521	不详	13	31	22
内外	100	150	250		10	10	10

续 表

工厂名	男工	女工	合计	家庭	全部从业员之比		
					男工	女工	计
日清	89	17	106	92	10	10	10
大康	800	230	1 030	950	56	34	49
国光	351	94	445	不详	28	18	25
合计	2 572	2 590	5 162	1 950	26	31	28

(5) 宿舍租借条件

现在富士和大康两家工厂不以任何名目征收费用。其他工厂只收取少量的费用,一般为水电费。暂时忽略房子结构上的差异,青岛市里劳工所用的住宅房租费为3—5元①,此外还要额外支付水电费。可以说,日本棉纺织厂劳工的受益还是很大的。

表7-4 青岛各家纺织工厂宿舍租借条件表

工厂	等 级	有租借资格者	租金(元)	电灯费(元)	水费(元)
富士	A B C 单身宿舍	}事务员及干部 一般职工 单身职工	不征收	0.90 0.45 0.45 无	0.60 0.30 0.30 无
丰田	A B C 单身宿舍	}同上 单身职工	1.20 0.90 0.50 以C等为准	}包含在左栏的租金中 按人头征收	}包含在左栏的租金中

① 这里的“元”,指的应该是“联银券”,与日元等值。本文中的“元”有时为“联银券”,有时为日元,翻译时为保留原文原貌,不做统一。——译者注

续 表

工厂	等　级	有租借资格者	租金(元)	电灯费(元)	水费(元)
同兴	A B C	事务员及干部 }一般职员	1.20 0.60 0.60	同上	同上
公大	一等 二等 三等 单身宿舍	华人职员 }一般员工 单身员工	1.50—1.10 1.00—0.70 0.80—0.60 不征收	}包含在左栏的租金中	}包含在左栏的租金中
上海	A B C	华人职员 }一般职员	1.40 1.00 1.00	同上	同上
内外	A B C	}职员及干部 一般职员	1.00 0.40—0.50	不征收	不征收
日清	A B C	职员 有职位的职工 普通职工	不征收	同上	同上
大康	A B C	工头及雇员 组长级别人员 普通职工	同上	同上	同上
国光	A B C	雇员 班长及守卫 普通职工	1.00 0.50 0.20	同上	同上

备注：公大的社宅如每户一人，A 等 1.05 元，B 等 1.00 元，C 等 0.80 元；若有两个从业人员则有优惠，A 等 1.00 元，B 等 0.70 元，C 等 0.60 元；三人以上则不再减价。

二 洗浴设施

各家工厂的住宅区里都有公共洗浴设施,由宿舍管理员直接管理。允许工人及其家属免费使用。在结构设计上,划分为男区和女区、脱衣室和入浴室。浴池基本上都采用较深的日本式浴池,表面涂抹水泥或者混凝土,和日本的“钱汤”相似。大康和日清两家纱厂每日都可入浴,公大和内外两家纱厂则隔天入浴,其他公司能入浴的频率是每周 2 到 3 次,但在夏季期间,可以每天或者隔天入浴。浴室开放的时间一般是下午 3 小时至 6 小时(4 点半至 10 点)不等。大康和内外两家纱厂的浴室则每天在上午和下午共开放两次。

三 娱乐设施

(1) 俱乐部设施

多数工厂的宿舍区建有独立建筑物,作为宿舍入住者使用的俱乐部。现在还没有该设施的公司有内外、国光、丰田三家,同兴纱厂的俱乐部正在建设中。在俱乐部中可以学习、排演中国戏曲,练习中国武术,放电影,举行集会等活动。大康公司劳工的戏曲演出在四方、沧口等地区非常有名,据说各地都来借邀演戏者。

(2) 其他

大康工厂宿舍区的广场,利用墙壁设置户外电影放映场。事变前时常在晚上放映 2 小时长的电影供员工娱乐,35 至 40 元的电影带租借费均由工厂来负担,事变后该项活动停止。各家工厂有时举办全厂劳工运动会。

四　保健体育设施

工厂内部的绿化、公园化、宿舍区的清洁等，关系到劳工及其家属健康，这已是各家工厂的共识。各家工厂的特别运动设施如下所示：

表 7 – 5　各家工厂的设施列表

工厂名	设施名
富士	篮球场、秋千、单杠
上海	秋千
内外	网球场、特别运动场 300 坪
国光	篮球场
大康	网球场、篮球场、单杠、秋千、肋木、乒乓球
日清	网球场

五　商店、理发店及食堂设施

(1) 商店

当然并非工厂直接经营的商店，只是将宿舍楼栋中的几户以低价或者免费租给指定的商家，并且监督商家以较低廉的价格提供给劳工商品。当然这种监督也并非很严格，因为若售价太高，自然购买者也会变少。通常日用杂货店、馒头店、副食品店都需分别获得经营许可。各住户家里并不煮茶，商店以 1 杯 1 钱的价格出售茶水的情况，在日本人看来很新奇。此外,由于在商店购物的人几乎只限于宿舍入住者,销售额也不会很高,平均每人每月的购买额度,富士公司在50钱、内外2元、大康3元、同兴5元,属于比较低的消费额。从货款回收的方式看,公大、日清是采取现金购买的方式,其他公司采取现金和赊欠两种方式,赊欠的方式允许有一定的价格差。

(2) 理发店

理发店也是采取将宿舍区内的一部分房屋出租出去经营的方式,以国光宿舍区理发店的收费为例说明如下。

表7-6 理发店收费情况一览表

剃光头	留长发	刮 头	刮胡子
10钱	16钱	10钱	10钱

(3) 食堂

在工厂作业区和宿舍区都有食堂设施,工厂食堂只有建筑,并不提供伙食。宿舍区的食堂主要是给单身的入住者提供伙食,伙食供给则委托给指定商家,宿舍管理员对之监督。作为福利设施的食堂的开办,其着眼点与其说是提供低廉的伙食,不如说是提供具有营养的饮食。但是尚未找到这方面的研究。

六 教育设施

事变前给宿舍入住者家庭的孩子开办私立小学的有公大、内外、大康、日清等4家公司。华人教师的聘金为30元到40元。但是现在这些学校都废止了这项措施。

针对劳工的教育主要是事变后公大和丰田两家公司给劳工开办的日语讲座，但据说由于劳工上课是在工作后，已非常疲劳，故成绩并不是很好。

七 储蓄、金融设施

事变前，市社会局强制性要求职工在社会局储蓄，但储蓄金在返还时出现一些问题，之后职工对强制储蓄再也没有配合的意愿。在事变前有内外和富士两家公司实施自由储蓄，前者给5分利息，后者给6分利息，利息都是比较高的。事变后还没有重新开办这项业务的公司。关于金融机构，在此并没有可举出的实例。

八 共同救助设施

各家公司的日本人职工享有这项制度，公大的华人劳工中虽然有上绢共济制度，但是尚未见到华人劳工间有此制度。

九 医疗设施

公大、富士、大康、日清、同兴、国光这六家公司拥有由公司直接管理的诊疗设施，其他的内外、丰田、上海等三家则采用委托医疗制度。诊疗科目只包括内科、外科及其他一般的轻症，重症患者需要送到市里的特约医院住院治疗，工厂医院中没有可供住院治疗的设备。医生的聘金，分别为日本人170元至300元（包括补贴），华人100元至150元，护士的待遇为日本人70元到90元（包括补贴），华人25元到30

元。一年的支出费用,最低需要3 000元,最高10 000元。事变前有完全不收医药费的公司(如大公、国光等),但这反而纵容了劳工的怠工情绪,没病也去看病的人增加了,于是现在让其支付部分成本费。但是只有日清公司相反,在事变前收取成本费,现在看病则不收费。日籍护士中有人持有接生资格证,但中国产妇不愿意让日本人接生,只愿意靠自己或者靠亲戚帮忙接生,其过程据说非常不卫生。

表7-7 灾害疾病统计表

工厂	公伤			私伤			备考
	男	女	总	男	女	总	
内外			18	683	314	997	1939年5月
丰田				550	570	1 120	1939年6月
日清						2 148	最近4个月的调查
富士			126			2 196	最近6个月的调查
国光	93		93	2 341	337	2 678	最近6个月的调查
大康			53	6 040	3 001	9 041	1939年1月—6月25日的调查

备注:1. 人员是总人员。
2. 各家工厂并没有进行非常充分的调查统计,其他公司的回答也不是很全面。

工伤原因统计(内外棉纱厂) 自1939年1月至同年6月

机械运转中的操作错误7次

重物跌落3次

电力及发动机事故3次

未注意到机械的故障 3 次

卷入传动带 1 次

衣服被卷入机械 1 次

事故率大概在每万人中有 1 人

疾病类别

根据大康的统计数据(累计人员数量 9 041,实际人员 681)

皮肤病(湿疹) 占累计人员数量 42.7% ,占实际人员 47.2%

外伤(轻度擦伤)占累计人员数量 28.8%,占实际人员 31.8%

消化疾病(胃肠疾病)占累计人员数量 9.5%,占实际人员 10.5%

呼吸疾病(支气管症状)占累计人员数量 9.4% 、占实际人员 10.0%

其他 占累计人员数量 9.6% 、占累计人员数量 5.0%

内外棉的统计数据

胃肠病 40%

皮肤病(湿疹) 20%

感冒 20%

肠炎 15%

结膜炎 3%

沙眼 2%

十 扶助救济

各家公司尚未有和劳工方通过公约形成的规定,只是在感觉有必要时,作为一种对职工的恩惠来实施。女性劳工占多数的情况下工作并不固定,对孕产妇的处置方法也没有特别措施。女工因怀孕无法劳动,就会辞职回乡下。但也不是所有人都被采取这种处置措施。下面是与日本扶助项目相对照的情况。

1. 疗养救助

工伤的治疗由公司负担,个人伤病的治疗由个人负担,大康公司则免费。

2. 停业救助

工伤情况下,公大纱厂全额支付工资,内外棉纱厂支付三分之二,但会根据原因酌情增减。国光纱厂开始的一个月全额支付,第二个月支付二分之一的工资,第三个月之后支付三分之一。

3. 残疾救助(内外棉纱厂的例子)

终身生活无法自理　支付日平均工资的 200 倍

终身无法从事劳动　支付日平均工资的 100 倍

终身无法从事之前强度的劳动　支付日平均工资的 50 倍

身体无法恢复到原来状态但能继续从事原来的劳动　支付日平均工资的 200 倍

公大纱厂参考了日本国内《工厂法》的规定,以日本国内法定额度的 60%作为标准支付。

4. 对死亡职工的家属的救助

内外棉纱厂—抚恤金为日平均工资的 100 倍,但会根据实际情况增减。

公大纱厂—最高200元。

5. 丧葬费

公大纱厂—工伤致死支付20元的棺椁费,普通病致死的情况10元。

内外棉纱厂—干部员工10元,普通职工5元。

6. 解雇扶助

各家公司皆无。

7. 回乡旅费

各家公司皆无。

8. 孕产妇救助

各家公司皆无。

第八章　生 计 费

生活成本是决定工资水平的重要因素,对之进行调查是劳动管理上的重要工作。青岛的各家棉纺织工厂,战后重建的事务极度繁忙,从大部分公司没有得到完全的答案。在这次调查中,从一位负责人事的政府①人员口中得到以下信息:中国劳工生活成本的伸缩性较其他国家明显更大。比如,主食面粉的价格若上涨,他们会马上用高粱、芋头一类的粮食来代替,以避免生活成本的上涨。而且对于这样的变化并不会感到很大的痛苦。可以肯定以上信息的部分真实性,但是其中的态度、观念是否具有普遍性?若真的表面上抑制工资上涨,实质上工资反而降低。下表是以面粉作为主食的生活成本的情况。其中的一些信息经过加工,很难说全部数据都来自实际的调查,但通过观察各种调查结果,也不难找到其中确有比较妥当之处。

---

① 原文如此,指伪政府。——译者注

表 8－1　单身职员生计费调查

制表时间：1939 年 6 月

项目		内外		丰田		国光		富士		上海		同兴		公大		平均
		金额	%	金额	%	金额	%	金额	%	金额	%	金额	%	金额	%	
收入总额		17.50		18.00		18.10		21.00		18.00		18.70		18.00		
食物费	总	10.00	57.0	9.50	52.9	11.00	60.6	10.50	50.0	9.00	50.0	8.50	45.4	9.00	50.0	54.5
	主食	6.00	34.0			9.50	52.4	10.50	50.0	6.00	33.3	8.50	45.4	6.50	36.1	39.0
	副食	4.00	23.0			1.50	8.2			3.00	16.7			2.50	13.9	15.5
住居费	总					0.55	3.0							0.90	5.0	
	住宿					0.20	1.1							0.20	1.1	
	电灯					0.35	1.9							0.70	3.9	
诸费	总	4.00	23.0	7.00	38.9	4.50	25.1	7.40	35.3	5.50	30.8	2.95	15.8	3.30	18.4	
	被服	1.50	8.0	2.00	11.1	1.30	7.2	2.60	12.4	3.00	16.8					
	随身物品	0.50	3.0	1.10	6.1	0.60	3.3	0.40	1.9	1.00	5.6					
	卫生			0.40	2.2			0.20	1.0			0.20	1.0			

续 表

项目		内外		丰田		国光		富士		上海		同兴		公大		平均
		金额	%	金额	%	金额	%	金额	%	金额	%	金额	%	金额	%	
诸费	医疗					0.50	2.9	0.20	1.0					0.50	2.8	
	交际	0.50	3.0	0.70	3.9	0.50	2.9	1.00	4.7			0.50	2.7	0.50	2.8	
	娱乐	1.00	6.0	2.00	11.2	0.80	4.4	1.00	4.7	1.00	5.6			1.00	5.6	
	修养	0.50	3.0					0.20	1.0							
	交通			0.50	2.8	0.60	3.3	0.80	3.8	0.50	2.8	0.50	2.7	0.50	2.8	
	杂费			0.30	1.6	0.20	1.1	1.00	4.8			1.75	9.4	0.80	4.4	
总合计		14.00	100	16.50	100	16.05	100	17.90	100	14.50	100	14.70	100	15.00	100	
一天平均		0.48		0.55		0.54		0.59		0.52		0.49		0.50		
月剩余		3.50	20.0	1.50	8.3	2.04	11.3	3.10	14.7	3.50	19.4	4.00	21.4	3.00	16.6	

备注：

1. 主要是以各社容纳的男工为基准。
2. 女工生计费是食物费，在内外棉纱厂男工的生计费要比女工低一成。
3. 没有居住费的是由于所在公司不征收该费用。

表 8-2　携带家属的职工生活成本表

制表时间：1939 年 6 月

项目		内外		丰田		富士		大康		日清		同兴		上海		平均
		金额	%	金额	%	金额	%	金额	%	金额	%	金额	%	金额	%	
月收入	总	22.50		65.00		35.00		32.20		30.00		29.15		25.00		
	本业	20.50	91.10	32.00	49.20	30.00	85.00	25.20	78.30	27.00	90.00	26.50	90.90	25.00	100.00	
	家族			27.00	41.50			7.00	21.70							
	杂收	2.00	8.90	6.00	9.30	5.00	15.00			3.00	10.00	2.65	9.10			
家族构成		四人 夫妻、两子		四人 夫妻、两子		三人 夫妻、一子		四人 夫妻、两子		三人 夫妻、一子		三人 夫妻、一子		二人 夫妻		
食物支出	总	17.30	76.00	30.00	46.20	19.60	56.00	19.40	60.20	17.90	59.70	16.00	54.90	15.80	63.20	59.60
	主食	12.50	55.60	20.50	31.50	12.60	36.00	15.40	47.80	13.90	46.30	12.50	42.90	10.00	40.00	
	副食	4.30	19.10	8.00	12.40	6.00	17.10	3.00	9.30	3.20	10.70	3.00	10.30	5.00	20.00	
	调味料	0.50	2.20	1.50	2.30	1.00	2.90	1.00	3.10	0.80	2.70	0.50	1.70	0.80	3.20	
住居费	总	1.00	4.40	4.20	6.50	2.70	7.70	1.50	4.70	1.90	6.30	2.70	9.30	2.40	9.60	6.90
	房租费			1.20	1.80							1.20	4.10	1.40	5.60	
	燃料费	1.00	4.40	3.00	4.70	1.20	3.40	1.50	4.70	1.90	6.30	1.50	5.20	1.00	4.00	
	水电费					1.50	4.30									

续 表

项目		内外		丰田		富士		大康		日清		同兴		上海		平均
		金额	%	金额	%	金额	%	金额	%	金额	%	金额	%	金额	%	
被服及寝具费	总	2.50	2.10	5.20	8.00	2.50	7.20	3.00	9.30	2.50	8.30	2.30	7.90	1.30	5.20	8.10
	被服寝具	2.00	8.90①	4.00	6.20	2.00	5.70	2.00	6.20	2.00	6.70	1.80	6.20	1.00	4.00	
	日常用品	0.50	2.20②	1.20	1.80	0.50	1.50	1.00	3.10	0.50	1.60	0.50	1.70	0.30	1.20	
卫生医疗费				0.50	0.70	0.30	0.80	0.40	1.20	0.30	1.00			0.20	0.80	
交际费		0.20	0.90	3.00	4.70	0.50	1.50	1.00	3.10	0.30	1.00	0.20	0.70	0.20	0.80	
娱乐费		0.50	2.20	5.00	7.70	1.00	2.80	1.00	3.10	0.50	1.70	2.00	6.80	1.80	7.20	13.60
育儿教育费、修养费		0.20	0.90	0.50	0.70	0.20	0.70	0.30	1.00	0.50	1.70	0.20	0.70			
交通费				1.80	2.80	1.00	2.80	1.00	3.10	0.30	1.00	0.50	1.70	0.30	1.20	
杂费		0.50	2.20	1.50	2.30							2.80	9.60	0.50	2.00	
总计		22.20		51.70		27.80		27.60		24.20		26.70		22.50		100.00
日均消费		0.74		1.72		0.93		0.92		0.81		0.89		0.74		
月剩余		0.30	1.40	13.30	20.40	7.20	20.50	4.60	14.30	5.80	19.30	2.45	8.40	2.50	10.00	11.80

① 原文如此,应为“0.90”。——译者注
② 原文如此,应为“1.20”。——译者注

华人职工生活成本华工生活费调查(日清纱厂调查)

表8-3 饮食类费用详细情况

制表：1939年5月·指数以同年1月基准

种类	价格(钱)	耐久日期	一月平均(钱)	一日平均(钱)	指数
面粉	540.0	一月(一日推定)	540.0	18.0	105
副食	8.2	同上	245.7	8.2	117
饮料		同上	30.0	1.0	100
燃料		同上	60.0	2.0	91
总计		同上	875.7	29.2	107

表8-4 被服费详细情况

种类	价格(钱)	耐久日期	一月平均(钱)	一日平均(钱)	指数
和服	632.0	三年	17.6	0.58	121
棉衣	712.0	五年	11.9	0.40	120
长衣	742.0	八年	7.6	0.25	119
羊毛衫	200.0	一年	16.7	0.56	100
夏衣	334.0	同上	27.8	0.93	100
衬衫	75.0	同上	6.3	0.21	100
冬帽	180.0	五年	3.0	0.10	100
夏帽	50.0	二年	2.1	0.07	100
鞋子	140.0	半年	23.3	0.78	140

续 表

种　类	价格(钱)	耐久日期	一月平均(钱)	一日平均(钱)	指　数
袜子	30.0	一月	30.0	1.00	107
总计			146.3	4.88	111

表8－5　居住费用详细

种　类	价格(钱)	耐久日期	一月平均(钱)	一日平均(钱)	指　数
房租			63.3	2.1	127
电灯费			20.0	0.7	118
总计			83.3	2.8	124

表8－6　衣食住的费用合计

种　类	一月平均(钱)	一日平均(钱)	指　数
衣	146.3	4.9	111
食	875.7	29.2	107
住	83.3	2.8	124
总计	1 105.3	36.9	108

备注：

1. 职工阶层一人一月的饭食费用：下等8元50钱、中等9元50钱、上等11元。
2. 每次买饭的情况一日约35钱，一月约10元50钱。
3. 女工与男工相比，主食约为男工的85%，但是加上化妆品等数额，就差不多或者比男工更高。

四方地区华人生活必需品的市价

一、日清纱厂调查

表8-7 日清纺织调查的华人生活必需品市价情况

制表时间：1939年5月

种类		单位	价格(元)	指数
被服用品及杂货	黑蓝木棉	一尺	0.22	122
	蓝衣料	同上	0.18	139
	白木棉	同上	0.16	123
	印花布	同上	0.18	100
	绵	一斤	0.60	108
	礼帽	一个	1.80	100
	夏帽	同上	0.40	
	羊毛衫	同上	2.00	100
	皮靴	一双	7.50	107
	鞋子	同上	1.50	150
	袜子	同上	0.30	107
	擦手布	一块	0.25	125
食用品	一等面粉	一袋	5.60	105
	二等面粉	同上	5.40	105

续 表

种类		单位	价格(元)	指数
食用品	三等面粉	一袋	5.35	112
	黑面粉	同上	4.00	105
	米	一斤	0.14	108
	粟	同上	0.11	138
	绿豆	同上	0.13	
	黄豆(大豆)	同上	0.95	119
	玉米面粉	同上	0.95	119
	新菊	同上	0.04	
	豆腐	同上	0.06	150
	豆油	同上	0.40	
	花生油	同上	0.38	136
	胡麻油	同上	0.80	
	牛肉	同上	0.30	120
	猪肉	同上	0.32	128
	鸡蛋	10个	0.35	88
	砂糖	一斤	0.32	128
	盐	同上	0.05	100
	酱油	一斤	0.20	100
	咸菜疙瘩	同上	0.08	133

续 表

种类		单位	价格(元)	指数
食用品	萝卜咸菜	一斤	0.07	175
	甘蔗	同上	0.07	
	马铃薯	同上	0.08	133
	葱	同上	0.05	84
	蒜	一个	0.06	100
	韭菜	一斤	0.07	25
	香芹菜	同上	0.05	
	蒜薹	同上	0.07	
	菠菜	同上	0.04	
	豆芽菜	同上	0.05	151
	小白菜	同上	1.30	
住居及燃料	煤炭(块)	100斤	1.80	60
	煤炭(粉)	同上	1.20	92
	木屑	一袋		123
	石油	一斤	0.40	117
	房租(三间)		3.30	118
	房租(二间)		1.90	127
	房租(一间)		1.30	130
	饮料	一驮	0.01	100

二、内外棉纱厂调查

表8-8　内外棉纱厂调查的华人生活必需品市价

制表时间：1939年6月

种类		单位	价格(元)	指数
被服用品及杂货	捺染布	尺	0.30	200
	蓝染布	同上	上：0.25 中：0.22 下：0.20	139 138 154
	白漂布	同上	0.25	179
	肥皂	方	0.10	143
	粗布	尺	0.20	200
	火柴	袋	0.85	170
	梳头油	瓶	0.30	100
	鞋	双	上：2.40 下：1.60	160 188
	袜子	同上	上：0.50 下：0.36	179 164
	擦手布	块	上：0.30 下：0.15	177 150
上海米		百斤	上：16.00 下：14.50	133 132
面粉		袋	上：6.60 中：6.50 下：5.90	144 152 173

续 表

种 类	单 位	价格(元)	指 数
小米面	斤	0.12	171
包米面	同上	0.10	167
粟	百斤	12.00	160
绿豆	同上	14.50	193
黄豆(大豆)	同上	10.50	131
高粱	同上	11.00	169
豆腐	斤	0.07	175
大豆油	同上	0.46	184
胡麻油	同上	0.96	274
牛肉	同上	上：0.35 下：0.30	165 136
猪肉	同上	上：0.32 下：0.30	91 100
鸡蛋	个	大：0.40 小：0.32	100 128
砂糖	斤	白：0.30 红：0.20	125 111
盐	同上	0.01	140
酱油	同上	0.10	125
萝卜咸菜	同上	0.07	140
地瓜干	斤	0.07	200

续 表

种 类	单 位	价格(元)	指 数
马铃薯	同上	0.55	183
葱	同上	0.05	164
高粱酒	同上	0.50	156
老酒	同上	0.20	111

备注：

指数是以日清纱厂1939年1月、内外棉纱厂1938年8月情况为基准。

合计指数

日清纱厂(5月)衣计104,食计117,住计106

内外棉纱厂(6月)主食160.4,副食142.2,日用杂货162.6,总平均153.6

表8-9 日本国内下级劳工者生活费比例

出 处	月收标准	食费(%)	住居费(%)	光热费(%)	被服费(%)	诸费(%)	合计
(1)内阁统计局家计调查报告(劳动者)	月收六十元未满	50.23	14.13	5.75	9.75	20.14	100.00
(2)协调会生计调查报告(劳动者)	月收五十元未满	46.10	17.95		5.79	29.98	100.00

续 表

<table>
<tr><th>出 处</th><th>月收标准</th><th>食费(%)</th><th>住居费(%)</th><th>光热费(%)</th><th>被服费(%)</th><th>诸费(%)</th><th>合计</th></tr>
<tr><td>(3)煤炭矿夫家计调查</td><td>月收六十元未满</td><td>56.55</td><td colspan="2">3.84</td><td>4.62</td><td>34.99</td><td>100.00</td></tr>
<tr><td>(4)东京市统计课
家计调查统计原表(劳动者)</td><td>月收六十元未满</td><td>49.48</td><td colspan="2">19.72</td><td>7.82</td><td>22.98</td><td>100.00</td></tr>
</table>

调查日：

(1) 1926年9月—1927年8月

(2) 1921年6月—1922年5月

(3) 1925年4、5、6月内务省社会局矿业劳动事情调查会报告

(4) 1920年5、6、7月

表8-10 日本最低生活年龄段各段费用比较情况

以青年100为基准

<table>
<tr><th>年龄阶段</th><th>主食费</th><th>副食费</th><th>被服及日常用品</th><th>其他</th><th>总生活费</th></tr>
<tr><td>青年</td><td>100.00</td><td>100.00</td><td>100.00</td><td rowspan="5">略</td><td>100.00</td></tr>
<tr><td>义务教育中</td><td>79.88</td><td>69.43</td><td>129.86</td><td>71.3</td></tr>
<tr><td>幼儿</td><td>60.06</td><td>50.47</td><td>129.86</td><td>52.1</td></tr>
<tr><td>婴儿</td><td>14.50</td><td>59.24</td><td>37.46</td><td>36.5</td></tr>
<tr><td>老人</td><td>60.06</td><td>72.99</td><td>68.03</td><td>63.4</td></tr>
</table>

表 8－11　日本最低生活费家族构成比较

以单身者 100 为基准

家族构成	比较
单身	100.00
夫妇	199.19
夫妇、幼儿一人	251.61
夫妇、教育中一人、幼儿一人	322.58

备注：

1. 上面两表都是根据临时产业管理局生产管理委员会调查数字计算出来的。
2. 参考书同会编纂册子《工资制度》1932 年 6 月情况。

第九章　劳 动 效 率

对棉纺织工人的劳动效率的观察，通常以如下三个方面为基础。

（1）细纱织布工序中，台持工的机械设备操作能力

（2）细纱及织布工序的单位时间生产量

（3）各部门单位生产设备所需的劳动人员数

下面是对以上三方面调查结果的展示。但因此次调查恰逢战后刚开始重建时期，很多正在培养期且无劳动经验的劳工已从事劳动，并且机械的运转和人员的配置还未能很好地调整，很遗憾，得到的结果并不一定能够反映出青岛棉纺织工人平常的劳动效率。因此在调查结果之外，根据各种说明所得出的恰当的推测数据，以供比较使用。另需充分理解的是，虽说是劳动效率，但在如棉纺织业般较为进步的机械行业中，重要的要素其实乃机械的生产能力。当进行比较时，职工个人的劳动能力对机械生产能力产生影响之处较少。因此首先要考虑机械的性能、种类、新旧等差别，再清楚地说明其与劳动能力的相关性说明。但是，这在实际操作时非常困难，故而最终难以进行完全的比较。在此展示的数字，很容易出现一些自相矛盾之处，对此，我们更重视长期经验者观察的结果。

一 机械台持工的持有能力讨论

A 细纱工工作效率

表 9-1 青岛棉纺织细纱工持有纱锭枚数

支　数	最　高	普　通
16 支	420	300
20 支	600	400
33 支	630	450
32 支	660	500
42 支	700	550

表 9-2 青岛棉纺织细纱工持有纱锭枚数

(以 20 支为基准)

工厂	最高	最低	平均	摘　要
内外	480	150	360	OM 式大牵伸 普拉特、大阪机械
大康	404	114	259	
丰田	440	220	393	阿尔法式大牵伸
国光	420	174	300	一部分 OM 式大牵伸,其他普通牵伸 普拉特,丰田等

续　表

工厂	最高	最低	平均	摘　　要
上海	420	120	313	荣光式大牵伸，丰田自动织机造
富士	410	240	290	普通牵伸 OM 纺机及普拉特
同兴	440	150	250	OM 式大牵伸
日清	500	200	350	普通牵伸丰田、丽塔
公大	600	120	320	大牵伸、丰田、大阪机械、普拉特
平均	457	165	326	

备注：其他的指数参照附表第 8 表。

B 织布工工作效率

表 9－3　青岛棉纺织织布工负责织机台数

织　　机	最　高	普　通
自动织机	25 台	16 台
普通织机	10 台	4 台

备注：细布生产、补助工是被排除在计算之外的数字。

比较参考：

将青岛的生产效率比作 100

日本国内为 150

上海为 110

表 9-4　青岛棉纺织织布工负责织机台数(细布生产)

工厂		最高	最低	平均	摘要
内外		21	4	14	自动织机(远洲)
大康		24	8	16	自动织机(丰田)
丰田		28	4	15	自动织机(丰田)
上海		32	8	16	自动织机(丰田)
同兴		24	4	13	自动织机(丰田)
日清	男	20	9	6	自动织机(远洲)
	女	12	12	8	
国光	自动	20	4	8	自动织机(坂本、远洲)
	普通	6	2	4	普通织机(远洲、丰田、野上、大陆)
公大		10	2	4	普通织机(丰田式及远洲)
富士		6	2	3	普通织机(丰田式及远洲)
平均	自动	24.6	2.9	13.4	
	普通	7.3	2.0	3.7	

二　关于职工每人单位间产量之讨论

职工每人单位产量的研究

A. 细纱工

表 9－5　青岛棉纺织细纱工单位生产能力(20 支基准)调查结果

工厂	半班每枚生产额(码)	机械运转时间(时)	一枚每小时生产额(码)	细纱工一人半班生产额(码)			同左一个小时生产额(码)		
				最高	最低	平均	最高	最低	平均
内外	65	11.5	5.65	31 200	9 750	13 400	2 730	780	2 080
大康	60	同上	5.22	23 240	6 840	15 540	2 108	595	1 351
丰田	60	同上	5.22	26 400	13 200	23 580	2 296	1 148	2 050
国光	65	同上	5.65	27 300	11 310	19 500	2 374	983	1 696
上海	70	同上	6.09	29 400	8 400	22 050	2 577	730	1 917
富士	60	同上	5.23	24 600	14 400	17 400	2 139	1 252	1 513
同兴	58	同上	5.04	25 520	8 700	14 500	2 219	757	1 261
日清	57	同上	4.96	28 500	11 400	19 950	2 478	991	1 735
公大	77	同上	6.70	46 200	9 240	24 640	4 017	803	2 143
平均	63.5	11.5	5.53	29 261	10 360	20 062	2 554	893	1 750

备注：回转数因目前职工的技术同机械的情况不一致，多为 7 000—8 000；若恢复至普通状态(回转数 10 000)，新式机械半班 70 码就可视为普通部分。

表 9-6 各地纱锭 1 枚生产额比较(20 支)

地 方	一日生产额(码)	半班生产额(码)	一个小时生产额	半班工作时间
青岛	140	70	6.09	11.5 小时
上海	145	72	6.26	同上
日本国内	110	55	6.48	8.5 小时

备注：日本国内是根据 1936 年的调查资料，一日生产额 105 码，平均每小时 6.1 码，基此制定出提高生产效率的若干计划，再根据最近的调查资料修订。

B. 织布工

表 9-7 青岛棉纺织织布单位生产能力(细布)调查结果

工厂	半班每台生产额(码)	一台每小时生产额(码)	织布工一人半班生产额(码)			同左每小时生产额(码)			机械类别
			最高	最低	平均	最高	最低	平均	
内外	51	4.44	1 224	204	714	106.6	17.8	62.2	自动
大康	47	4.09	1 128	376	752	98.2	32.7	65.4	同上
丰田	45	3.91	1 260	180	675	109.5	15.6	58.7	同上
国光	45	3.91	900	180	360	78.2	15.6	31.3	同上
上海	49	4.26	1 568	384	784	186.3	34.1	68.2	同上
同兴	52	4.52	1 248	208	676	108.5	10.1	58.8	同上
日清	43	3.74	860	387	516	94.8	33.7	44.9	同上
公大	54.6	4.75	546	109	218	28.5	9.5	14.3	普通
富士	48	4.17	288	96	144	25.0	8.3	12.5	同上

续 表

工厂		半班每台生产额（码）	一台每小时生产额（码）	织布工一人半班生产额(码)			同左每小时生产额(码)			机械类别
				最高	最低	平均	最高	最低	平均	
平均	自动	47.4	4.12	1 170	274	640	111.7	22.8	55.6	
	普通	51.3	4.46	417	103	181	26.8	8.9	13.4	

备注：平均数字中并未算入日清纱厂的女工；回转数相对于200而言，自动机械为170、普通机械为180左右。若达到平常状态，每台织机半班生产额可视作自动机械50码—55码、普通机械55码—60码。

表9-8 平常状态下各地等比较（细布生产、自动机械）

地方	一日生产额(码)	半班生产额(码)	一小时生产额(码)	半班工作时间
青岛	106	53	4.56	11.5小时
上海	110	55	4.78	11.5小时
日本国内	120	60	7.06	8.5小时

备注：主要根据业务员说明。

三 关于单位生产设备所需人员数量的讨论

下面，是关于纺织部和织布部不同单位生产设备所需人员的考察。辅助工和全部工序的人员都计算在内。衡量中国劳工的劳动效率，一般来说，工厂全体职工的平均劳动效率要比光计算台持工的劳动效率明显低很多，本次调查中特别关注这一情况。在与其他地区比较时，对不同机械的种类性能进行比较固然重要，然而包括纺织部卷纱以下工序中合纱、捻纱设备的有无乃至多寡,都对所需人员产生很大的影响。

A. 纺织部

表9-9 纺织部细纱纱锭每万枚所需人员调查结果

工厂	机械种类	到细纱为止的工序	捻纱以下的工序	计
内外	大牵伸	95	58	153
同兴	同上	96	45	141
丰田	同上	92	50	142
国光	同上	90	49	139
上海	同上	87	40	127
公大	同上	95	50	145
富士	普通	90	58	148
大康	同上	110	54	164
日清	同上	96	50	146
平均	大牵伸	93	49	141①
	普通	103	52	146②

备注:

1. 所需人员为每台运转设备所需的半班人员。
2. 机械种类参照之前的表格。

---

① 原文如此,应作“142”。——译者注
② 原文如此,应作“155”。——译者注

表9-10 同上平常状态下生产效率和其他各地的比较（每万枚所需人员）

要目 机械 地方		青岛		比较		
		大牵伸	普通牵伸	上海（普通）	天津（普通）	日本（大牵伸）
支数		24	24上下	24.8	24.5	20
所需人员	至细纺为止的工序	77—78	97	80.5	104	
	捻纱以下的工序	49—50	80	94.5	75	
	计	126—128	177	175.0	179	115—130

备注：

1. 人员为每台织机所需的人员。青岛地区捻纱以下的数目，乃根据与捻丝设备的比例推测所得。
2. 青岛的情况是根据上海纱厂和公大纱厂的说明推测所知，上海、天津的公大的资料乃引用日本国内的冈部利良所著《在华棉纺织业的发展及其基础》，并尽可能缩小推测的误差。

B. 织布部

表9-11 织机每100台所需人员调查结果

工厂	机械种类	织布室	准备完成	计
内外	自动	28	19	47
大康	同上	26	24	50
丰田	同上	32	22	54
上海	同上	31	20	51
富士	同上			

续 表

工　厂	机械种类	织布室	准备完成	计
日清	同上	26	20	46
同兴	同上	24	29	53
国光	自动及普通	40	25	65
公大	普通	38	19	57
平均	自动	28	22	50
	普通	39	22	61

表 9－12　同上平常状态下生产效率与其他地区的比较
（100 台所需人员）

地　　方	自动织机	普通织机
青岛	30	50
上海	28	44
天津	32	52
日本国内	20	40

备注:

1. 每 100 台织机所需人员。
2. 上海、天津是参考上海纱厂及公大纱厂的调查,日本国内是参考《在华棉纺织业的发展及其基础》所刊载的资料。

四　总　　结

综合来看,与其他地区的劳动效率比较结果如下。

以青岛纺织工劳动效率为100,其他地区劳动效率如下:

青岛 100

上海 110

天津 90

日本国内 140

在棉纺织工的劳动效率研究中,除以上所述情况之外,还有采用通过职工平均每人原料消耗量,或电力消费量来计算,或把生产期间扩大至一年,按每年每人生产量计算等方法。但是在原料消耗量上,如果是棉纱的话,需要限定支数;棉布的话需要限定种类,使用的原纱及一反的重量等条件来严格比较,否则,比较也是无意义的。电力消费量基本上属于机械性能上的问题。还有,每年每人生产量的计算方法,也受到制度、商业环境(减产)等影响,因此,在比较劳动效率时反而并不适用。

五　工作环境

劳动效率除受机械性能影响之外,还受到当地气候、工厂建筑物、工作车间内湿温度,以及其他环境的影响。但是,像日本在华棉纺织工厂般现代工厂的建筑厂房,配备了必要的工作场所温湿度调节设备,它的工作环境已经和日本国内的工厂并无大的差别。在与设备不齐全的中国工厂进行比较时是颇有价值的参考对象,因此进行如下调查。

1. 建筑物构造及设备

屋顶	锯齿形铁架或者木结构屋顶,波浪形瓦片。
天花板	铺软木之后再铺上木板
周围	砖结构涂上混凝土

天花板高度	最低(梁下)11尺5寸到12尺,最高(天花板)20尺到23尺
地板	混凝土的基础上铺木板,木板材质为樱材,或者南洋进口木材,或涂油漆。只有国光纱厂是涂抹灰浆,因此职工的应聘率很低。
湿温度调节装置	各家公司都在织布车间设有喷雾装置,可以看到大康纱厂在细纱车间中也有设置。 温度调节设备分制冷和供暖设备,各家公司都有配备。
通风设备	大多数公司有旋转窗,富士纱厂配有电动换气扇。
食堂休息室	各家公司都有独栋或者单独空间作为食堂兼休息室。

2. 细纱机织布室的湿温度

各公司的报告如下:

表9-13 细纱及织布室的温湿度

工厂 温度 湿度	细纱室								织布室							
	温度(度)				湿度(%)				温度(度)				湿度(%)			
	春	夏	秋	冬	春	夏	秋	冬	春	夏	秋	冬	春	夏	秋	冬
大康	77	95	77	77	50	50	50	50	77	90	77	77	80	80	80	80
公大	80	95	80	70	53	53	53	53	80	90	80	70	75	75	75	75

续 表

工厂 温度 湿度	细纱室								织布室							
	温度(度)				湿度(%)				温度(度)				湿度(%)			
	春	夏	秋	冬	春	夏	秋	冬	春	夏	秋	冬	春	夏	秋	冬
丰田	72	84	72	53	61	70	61	60	56	89	75		73	90	76	
日清		100		70						90		70		83		83
内外	75	90	75	67	50	58	50	48								
国光		95		60		70		65		93		85		85		80
富士	80	92	80	75	60	65	60	42								
同兴	81	93	81	80	50	54	50	65	91	91	91	74	81	81	81	83
上海	83	98	83	72	63	60	63	58	85	96	85	77	84	86	84	82
平均	78	94	78	69	55	60	55	55	78	91	82	77	79	82	79	81

六 效率和工资之关系

在考察劳动效率时,有必要考察它和工资的关系及生产成本的问题。针对这一情况,每天工作时间的长短,一年工作日的数量,都具有重要影响。日本国内实施的是每天单班8.5小时的工作时间,年中实施慢性减产,而华北的青岛实施每天12小时工作时间,几乎全负荷运转,一年约320天工作。先不管工资高低,在劳动时间上已可弥补与日本国内在效率上的差距。

生产成本将在下一章中进行说明,在此将细纱工和织布工一天的生产量和工资的关系说明如下。即使在生产效率上稍有逊色,在工资和劳动时间上也完全能够弥补,甚至还有剩余。

A 细纱

表 9－14

地　区	织机作业时间	织机生产量(码)	平均工资	生产 100 两平均工资(元)
青岛	12 小时	70	0.59	0.843
日本国内	8.5 小时	55	0.85	1.545

备注:

1. 青岛方面和日本国内比较的是根据 6 月末青岛的总平均工资。
2. 日本国内根据的是商工省全国工资统计月报、1939 年 7 月棉纱纺织工全国平均工资。

B 织布

表 9－15

地　方	织机作业时间	织机生产量(码)	平均工资	每匹(40 码)工资(元)
青岛	12 小时	53	0.59	0.445
日本内地	8.5 小时	60	0.85	0.567

备注:青岛方面的工资、日本国内的工资的根据与前表相同。

第十章　生产成本

因生产成本乃各公司的内部机密，要求各公司如实回答调查的问题，并不现实。通过各家公司善意的说明，我们在此基础上综合得出结论。现在的生产加工费大体如下：

表 10－1　棉纱 20 支一捆生产费明细

（1939 年 7 月调查）

费　目	金　额	%
一、制造费		
职工工资	8.00	34.3
职工募集费	0.40	1.7
福利设施费		
动力及煤炭费	6.00	25.8
包装费	3.00	12.9
用品、营缮修理费	3.50	15.0
其他	0.50	2.1
小计	21.40	91.8
二、营业管理费		
津贴	1.40	6.0

续　表

费　　目	金　额	%
租税、公租	0.15	0.7
租地费、保险费	0.20	0.9
消耗品	0.05	0.2
其他	0.10	0.4
小计	1.90	8.2
合计	23.30	100.0

表10-2　棉布每100担的生产费用明细

(1939年7月调查)

费　　目	金　额	%
一、制造费		
职工工资	25.00	27.6
职工募集费 福利设施费	1.00	1.1
动力及煤炭费	13.00	14.4
糊费	20.00	22.1
包装费	9.00	9.9
用品、营缮修理费	10.00	11.0
其他	1.50	1.8①

① 原文如此。——译者注

续　表

费　　目	金　额	%
小计	79.50	87.9①
二、营业管理费		
津贴	5.00	5.5
租税、公租	1.00	1.1
租地费、火灾保险费	1.00	1.1
消耗品	2.00	2.2
其他	2.00	2.20
小计	11.00	12.10
合计	90.50	100.0

备注：细布、经纬纱分别是23支40码36英寸。②

即棉纱生产费中劳动成本费，占包括直接间接费在内的总加工费中的36%。棉布生产费占比为28.7%。这里面不包含减价补偿费用。把它与事变之前的生产费比较，每项费用平均增长30%。遗憾的是，因没有日本国内的资料，无法与日本国内进行比较。在冈部利良的著作《在华棉纺织业的发展及其基础》中进行了详细的讨论，要点如下：日本在中国的棉纺织企业中，在职工费、租税费、运输费、批发折扣等费用成本上有优势，在消耗品、维修费、装卸费上处于劣势，这个比价结果在事变后的今天仍未发生变化。

---

① 原文如此。——译者注
② 原文如此。——译者注

作为参考,根据事变前的资料对日本国内和华北的情况比较如下。根据调查结果,在总加工费上华北比日本国内低30%。在劳动费中,工资比日本国内便宜30%,且雇佣费用、福利设施费等附带经费都非常低。

表10-3　事变前棉纱20支一捆生产费用日本国内、在华棉纺织的比较

<table>
<tr><th rowspan="2">费目资料</th><th colspan="4">东洋经济新报社资料</th><th colspan="2">钻石社调查</th></tr>
<tr><th>在华纱厂</th><th>%</th><th>日本国内</th><th>%</th><th>日本内地</th><th>%</th></tr>
<tr><td>一、制造费</td><td></td><td></td><td></td><td></td><td></td><td></td></tr>
<tr><td>职工工资</td><td>6.00</td><td>34.10</td><td>7.50</td><td>31.9</td><td rowspan="3">13.70</td><td rowspan="3">54.8</td></tr>
<tr><td>职工募集费</td><td rowspan="2">0.30</td><td rowspan="2">1.70</td><td rowspan="2">1.00</td><td rowspan="2">4.3</td></tr>
<tr><td>福利设施费</td></tr>
<tr><td>动力及石炭费</td><td>3.20</td><td>18.2</td><td>4.50</td><td>19.1</td><td>3.90</td><td>15.6</td></tr>
<tr><td>包装费</td><td>2.50</td><td>14.2</td><td>1.50</td><td>6.4</td><td></td><td></td></tr>
<tr><td>用品营缮费</td><td>2.40</td><td>13.6</td><td>1.60</td><td>6.8</td><td>2.45</td><td>9.8</td></tr>
<tr><td>运输费</td><td>0.60</td><td>3.4</td><td>1.30</td><td>5.5</td><td>0.45</td><td>1.8</td></tr>
<tr><td>其他杂费</td><td>0.40</td><td>2.3</td><td>0.50</td><td>2.1</td><td>0.30</td><td>1.2</td></tr>
<tr><td>小计</td><td>15.40</td><td>87.5</td><td>17.90</td><td>76.1</td><td>20.80</td><td>83.2</td></tr>
<tr><td>二、营业管理费</td><td></td><td></td><td></td><td></td><td></td><td></td></tr>
<tr><td>职员工资及津贴</td><td>0.90</td><td>5.1</td><td>0.90</td><td>3.8</td><td>0.68</td><td>2.7</td></tr>
<tr><td>租税、公租</td><td>0.20</td><td>1.1</td><td>2.30</td><td>9.8</td><td>1.20</td><td>4.8</td></tr>
</table>

续 表

费目资料	东洋经济新报社资料				钻石社调查	
	在华纱厂	%	日本国内	%	日本内地	%
支付利息	1.00	5.7	1.00	4.3	1.15	4.6
保险金	0.10	0.6	0.20	0.9	0.10	0.4
其他杂费					0.10	0.4
批发回扣金			1.20	5.1	0.97	3.9
小计	2.20	12.5	5.60	23.9	4.20	16.8
合计	17.60	100.0	23.50	100.0	25.00	100.0

备注：东洋经济新报社资料是引用冈部利良所著《在华棉纺织业的发展及其基础》。营业管理费的职员的工资中包含事务杂费。钻石社的资料是根据1937年版经济报告的基础知识，及1936年左右的调查报告。

第十一章　劳工的素质

劳工的文化教育程度、年龄、有无配偶、家庭成员从业状况、与农业劳动的关联性等，都是属于与劳工素质和性格相关的问题，这些问题与该国劳动生产效率的高低之间又有密切的关系。中国劳工的工作效率与发达国家相比有逊色之处，那必须通过对以上因素的分析找出何处不足。

以下开始探讨这一问题。

一　受教育程度

以下是对劳工按照有阅读能力和无阅读能力的分类标准进行统计，得出表11-1。

表11-1　关于青岛棉纺织劳工有无阅读能力的调查

		无阅读能力			有阅读能力			合计		
		男	女	计	男	女	计	男	女	计
上海	人员	829	1 067	1 896	259	98	357	1 088	1 165	2 253
	%	76.2	91.6	84.2	23.8	8.4	15.80	100.0	100.0	100.0
国光	人员	786	483	1 269	482	42	524	1 268	525	1 793
	%	62.0	92.0	70.8	38.0	8.0	29.2	100.0	100.0	100.0

续 表

		无阅读能力			有阅读能力			合 计		
		男	女	计	男	女	计	男	女	计
内外	人员	633	1 270	1 903	168	31	199	801	1 301	2 102
	%	790①	97.6	90.5	21.0	12.40②	95③	100.0	100.0	100.0
丰田	人员	553	1 362	1 915	140	84	224	693	1 446	2 139
	%	79.8	94.2	89.5	20.2	5.8	10.5	100.0	100.0	100.0
日清	人员	784	643	1 427	76	12	88	860	655	1 515
	%	91.2	98.2	94.2	8.8	1.8	5.8	100.0	100.0	100.0
富士	人员	496	377	873	166	15	181	662	392	1 054
	%	75.0	96.2	82.8	25.0	3.8	17.2	100.0	100.0	100.0
同兴	人员	687	1 074	1 761	178	119	297	865	1 193	2 058
	%	79.0	90.0	86.0	21.0	10.0	14.0	100.0	100.0	100.0
公大	人员	1 072	625	1 697	715	156	871	1 787	781	2 568
	%	60.0	80.0	66.0	40.0	20.0	34.0	100.0	100.0	100.0
大康	人员	1 079	402	1 481	461	97	558	1 540	499	2 039
	%	70.1	80.60	72.6	29.9	19.4	27.4	100.0	100.0	100.0
合计	人员	6 919	7 303	14 222	2 645	654	3 299	9 564	7 957	17 521
	%	72.3	91.8	81.2	27.7	8.2	18.8	100.0	100.0	100.0

① 原文如此,应作“79.0”。——译者注
② 原文如此,应作“2.4”。——译者注
③ 原文如此,应作“9.5”。——译者注

从以上数据可知,9家公司的劳工平均受教育水平不高,在有部分阅读能力的劳工中,男工只占28%,女工只占8%,其他大多是连简单的公告通知都读不懂的文盲,他们甚至连自己的名字也无法书写。

二　年龄层分类

因中国没有户籍法,并且很多文盲劳工也回答不出自己的年龄,在本调查报告中,大多采用人事部门负责人认定的年龄数据。从调查结果来看,绝对没有使用14岁以下童工的公司有2—3家,其他公司极个别有使用童工的现象。对此多少留有一些疑问,但从参观过各家工厂的我们看来,以及到目前为止参观过中国纺织业的人道主义者的报告里,都没有发现有使用10岁以下童工的情况。

表11-2　青岛棉纺织劳动者年龄层调查

1939年7月

年龄段	实数			百分比		
	男工	女工	计	男工	女工	计
14岁以下	144	335	479	1.80	4.30	3.10
15岁—20岁	2 604	6 342	8 946	33.20	81.00	57.10
21岁—25岁	2 533	930	3 463	32.30	11.90	22.10
26岁—30岁	1 372	146	1 518	17.50	1.90	9.70
31岁—35岁	672	51	723	8.60	0.60	4.60
36岁—40岁	370	17	387	4.70	0.20	2.50

续 表

年龄段	实数			百分比		
	男工	女工	计	男工	女工	计
41岁—50岁	140	8	148	1.80	0.10	0.80
50岁以上	5		5	0.10		0.10
合计	7 840	7 829	15 669	100.00	100.00	100.00

备注：

1. 外部职工除外。
2. 各社详细参照附表第9表。

三 有无配偶者

各家工厂都尽可能希望采用无配偶的员工，实际情况是男工无配偶者的比例最少为44%（富士），最多75%（丰田）。女工无配偶的比例最低为62%（国光），最多88%（日清）。各工厂之间差异较大，总体来说女工的无配偶者比例比男工高得多。调查的7家公司的平均情况如下表。

表11-3 青岛棉纺织劳工配偶关系的调查

有无配偶	实数			百分比		
	男工	女工	计	男工	女工	计
有配偶者	3 836	1 277	5 113	47	22	36
无配偶者	4 264	4 499	8 763	53	78	64

续 表

有无配偶	实 数			百分比		
	男 工	女 工	计	男 工	女 工	计
计	8 100	5 776	13 876	100	100	100

备注：大康、日清、丰田、国光、上海、富士、公大7家公司调查的合计，内外、同兴省略。

各工厂调查参照附表第10表。

四 家庭成员从业状况

本调查是为了解在同一家工厂中工作的家庭成员的就业状况。但并没有细分是户主工作，还是其他家庭成员作为家庭生计的辅助性劳动。虽然调查并不完全，但从参考其他职工性别调查、年龄阶段调查等结果，可掌握一定概况。并且，一户家庭的收入情况大体可以从中推测。

表11－4 青岛棉纺织劳工家庭成员从业状况调查

从业家庭成员数	根据家族单位数来看%	根据从业人员数来看%	从业男女工对比		
			男 工	女 工	计
一人从业	86.00	73.60	48.40	51.60	100.00
二人从业	11.60	20.00	49.80	50.20	100.00
三人从业	2.10	5.40	37.60	62.40	100.00
四人从业	0.30	1.00	37.00	63.00	100.00
合计	100.00	100.00	48.00	52.00	100.00

备注：内外、上海、大康、富士、丰田5家公司的比率是根据其回答统计的，其他各家公司没有回答。

五 曾经从业工种的调查

根据7家公司统计的比率,纺织工业最多,占全体的63%;其次是农业,占21%,以上两者占整体的80%以上。这里所提曾经的从业工种,指的是以前从事棉纺织工业的复职老员工及有经验的劳工。如果继续调查之前从业的工种,可知从事农业的占绝大多数。

表11-5 青岛棉纺织劳工曾从业工种的调查

曾从业的工种		实数			百分比		
		男工	女工	计	男工	女工	计
农业		1 826	1 273	3 099	22.5	19.5	21.0
工业	纺织业	5 175	4 117	9 292	63.6	62.5	63.2
	其他工业	426	286	712	5.3	4.3	4.8
商业		304	20	324	3.7	0.3	2.2
土木建筑业		97		97	1.2		0.7
交通运输业		42		42	0.5		0.3
渔业		85		85	1.0		0.6
采矿业		1		1	0.1		
公务、自由业		51		51	0.6		0.3

续 表

曾从业的工种	实数			百分比		
	男工	女工	计	男工	女工	计
其他	59	118	177	0.7	1.8	1.2
无业	69	763	832	0.8	11.6	5.7
合计	8 135	6 577	14 712	100.0	100.0	100.0

备注:

1. 包含日清纱厂、上海纱厂的调查。
2. 各家企业详细参照附表第 11 表。

六 出身地[①]调查

在调查期间,山东内陆地区的治安状况还未完全恢复[②],因此并不具备到农村进行充分实地调查的条件,因此本调查结果并不一定能够反映正常状态下青岛棉纺织业劳工的实际出身地情况。众所周知,青岛棉纺织业女劳工的出身地平度和莱阳县在调查期间正处于治安最恶化时期[③],即使如此,除青岛市和附近几个县之外,这两个县的劳工也是人数最多的。可以预想,今后治安恢复之后,出身地为平度和莱阳的劳工比例将进一步提升,因此可以期待各家公司中的熟练工人数能逐步恢复正常。

① 此处指劳工进工厂之前的人生经历所在地。——译者注
② 原文如此。——译者注
③ 原文如此。——译者注

表 11-6 青岛棉纺织劳工的出身地调查

出身地	实数			百分比		
	男	女	计	男	女	计
青岛市	4 094	2 971	7 065	43.05	37.62	40.57
即墨县	1 885	1 665	3 550	19.82	21.08	20.33
胶县	574	509	1 083	6.04	6.44	6.21
平度县	501	438	939	5.27	5.55	5.38
高密县	382	428	810	4.02	5.42	4.65
莱阳县	308	392	700	3.24	4.96	4.02
安丘县	257	196	453	2.70	2.48	2.60
潍县	85	54	139	0.89	0.68	0.80
诸城县	126	121	247	1.32	1.53	1.42
昌邑县	104	150	254	1.09	1.90	1.56
日照县	66	106	172	0.69	1.34	0.99
青州	120	127	247	1.27	1.62	1.41
江苏	12	9	21	0.13	0.11	0.12
济南	16	11	27	0.17	0.14	0.16
其他	980	722	1 702	10.30	9.14	9.77
合计	9 510	7 899	17 409	100.00	100.00	100.00

备注：

1. 各社详细参照附表第 12 表。
2. 劳动者数和第 2 表劳动者数统计不吻合是由于调查时日不同造成的。

第十二章　劳动力调动及出勤情况

一　劳动力调动

除国光纱厂是将原华新纱厂收购外，所有棉纺织公司都是破坏之后重建的。在调查时尚处于为重建而不断增员的时期，自然而然就会出现很高的劳工录用率。因此，出现较高的工作调动率也属正常现象，问题主要是离职率与调动频率。各工厂的调查反馈周期各不相同，有1个月、2个月、6个月不等。在计算调动率时分母的取值也不一样，有的是取出勤人员数，有的是取登记在册的人员数。所以，这里以数据较为完善的上海纱厂的反馈为例子，将其调查结果统计如下。

表12－1　上海纱厂劳工调动情况调查

1939年1月至6月

调查项目	男工	女工	计
一天平均出勤人员	666	1 278	1 944
其间录用人员	1 530	1 987	3 517
其间离职人员	1 321	1 589	2 910
录用率	230%	155%	181%

续　表

调查项目	男　工	女　工	计
离职率	198%	124%	150%
调动率	214%	140%	166%
调动频率	86%	80%	83%

备注：

1. 调动率＝{（录用人员＋离职人员）}＊1/2/一天平均出勤人员
2. 调动频率＝离职人员/录用人员

从数据可知，6个月期间的离职率男女共同平均为150%、调动频率为80%以上，这是一个惊人的数字。男工的离职率比女工离职率更高的原因，或因女工住宿舍的比例较高，而男工的通勤工比例较高。从其他工厂的情况来看，虽然工厂之间有若干差异，但大体和上面的趋势一致。因此可以想象，各家工厂对劳工的频繁变动都很头疼。较低的生活水平和工资，造成了中国劳工重视工资或者其他劳动条件之间的微小差异，也就无法避免造成很高的调动率。由于青岛各棉纺织工厂同一时间内为重建而需要大量劳工，一般都能感觉到因劳动力不足而不得不争抢的压力。此外，伴随物价和工资的不断上涨，劳工追求更好的劳动条件，产生了不断在各家工厂之间来回调动的现象，这些都是造成惊人调动率的直接原因。

为了应对以上这些现象，青岛9家纺织工厂召开纺织联合会，共同商讨禁止互相之间恶意争夺职工的对策，并且就工资等劳动条件统一协商。最先获得一致认可的是先统一见习工的工资，对于熟练工的待遇，因关系到技能等级，且在机械效率、工作环境等各要素上各家工厂存在差异，综合考虑所有劳动条件后很难拿出一个实质上相对统一的待遇。因此,最终只靠统一见习工上任初期的工资,难以防止劳工的频繁变动。

表 12-2　青岛棉纺织工厂劳动者离职率及调动频率调查

期间调查	时　间	工厂	离职率(%)			调动频率(%)			离职率算出的分母
			男	女	计	男	女	计	
一个月	1939年6月	富士	24	34	27	57	39	48	月末在籍人员
	同上	丰田	9	6	7	55	33	40	同上
两个月	1940年6月	内外	22	24	23	71	61	64	平均出勤人员
	同上	公大	8	29	13	11	20	15	同上
六个月	1938年11月至1939年4月	同兴	103	98	100	68	48	55	各月末平均在籍人员
	1939年1月至6月	大康	165	138	145	51	84	58	同上
	同上	国光	45	63	50	83	69	77	同上
	同上	日清	50	64	56	82	63	72	同上

备注:

1. 上海纱厂的调查在前文中已有表述。
2. 计算得出的在职人员与计算得出的配给出勤人员进行比较,从其外围比率来看,考虑到账簿整理时的疏忽,大概可以得出:一般出勤率为90%—95%。
3. 国光纱厂因移交收购工作,所以调动较少。公大的劳动条件相较于其他公司,实质性领先之处在于劳动者的应募志愿者较多,故而实际上离职率相对较小。日清纱厂在早期人员准备方面较为充足,将本年的入社人员与减员人数相比,离职率并未上升。
4. 详细的调查表参照附表第13表。

接下来,看一下可用作离职原因参考的内外棉纱厂的详细调查统计数据。

表 12－3　内外棉纱厂 6 月人员变动原因调查

理由		男工	女工	计	%	本月没有的项目
(一)工厂情况	认为工作没有前途	1		1		冗员淘汰、老弱淘汰 高级淘汰、男女调换
	作业完成	4		4		
	小计	5		5	2.0	
(二)因故解雇	职务怠慢	1		1		
	不服命令	1		1		
	不常出勤	2		2		
	偷盗行为		1	1		
	斗殴暴行	1		1		
	冒名顶替		2	2		
	小计	5	3	8	3.3	
(三)请求解雇	公私伤病		9	9		死亡
	结婚		4	4		
	妊娠		1	1		
	家务	5	6			
	从业上的不满	1				
	工作繁重	5				
	归国	4	5			

续 表

理由		男工	女工	计	%	本月没有的项目
(三)请求解雇	转职	2	5			死亡
	对工资不满	6				
	小计	23	30			
(四)除籍	未请假欠勤	54	125			
	小计	54	125			
总计		87	158			
退社率		9.0	11.2			

备注:

1. 退社率=(总退社数/平均在籍数)*100。
2. 本月没有的项目是工厂调查表中有的项目,但是不属于本月调查的项目。

二 出勤状况

连续出勤时间和连续出勤率

对青岛棉纺织劳工连续出勤时间的调查,即重建后的调查,意义较小,而调查事变前的数据,因各家公司都已丢失员工登记册,调查变得非常困难。很多公司对于老员工的处置方法,因事变的破坏而全部清零,事变后采用重新开始计算的方式。但有一部分公司正准备将调度员在事变前的工龄在调查后也算入,用在计算奖金比例上(如公大、内外)。因上述原因,实际上无法满足调查相关内容。在此先将重建后采用的所有职工中的新旧员工统计数据说明如下。

表 12－4　重建后青岛棉纺织企业录用劳动者中新旧从业员的调查

新　旧	实　数			百　分　比		
	男　工	女　工	计	男　工	女　工	计
新从业员	5 064	4 442	9 506	50.5	52.4	51.4
旧从业员	4 957	4 036	8 993	49.5	47.6	48.6
计	10 021	8 478	18 499	100	100	100

备注：各社详细参照附表第 14 表。

如果将上表中的新员工/无经验者、有经验者拆分来看，可以得出如下表格，不过这仅是对四个工厂调查后所取的平均数。

表 12－5　新从业员的有无经验调查（百分比）

	男　工	女　工	计
无经验工	59	51	55
有经验工	41	49	45
计	100	100	100

备注：

1. 只有对丰田、日清、内外、同兴纱厂的调查取平均数，大康、富士、上海、国光、公大 5 家公司省略。
2. 以上 4 家公司的详细调查参照附表第 15 表。

若将上表中的平均比率作为普遍性的统计结果来看，事变前棉纺织从业者中复职的人数统计为男工占比 70%、女工占比 73%。若有经验的劳工为 100，到旧工厂复职的人数统计结果为男工占比 70%、女工占比65%,剩下男工中的30%、女工中的35%,基本都到其他工厂应聘就职。

下面是事变前青岛棉纺织工平均工龄的调查结果。

表12-6　青岛棉纺织企业在事变前的平均工龄统计表

工　厂	男　工	女　工	特殊技术工
丰田	一年八个月	一年三个月	一年十个月
大康	二年六个月	一年六个月	
富士	二年五个月	一年八个月	
上海	一年二个月	一年六个月	三年
日清	二年七个月	十一个月	
内外	三年	一年九个月	一年十一个月
平均	二年二个月	一年五个月	二年三个月

备注:

1. 公大、同兴、国光纱厂的调查省略。
2. 负责工平均勤续期间是根据内外棉的调查结果,最高为十二三年,平均四年。

接下来,应附加于工龄调查结构之后的是,前一项与劳动移动相对的持续工作率的调查结果。但是,战后重建还不到一年,其中有的公司重建仅2、3个月。数字统计相当困难。综合分析各家公司人事负责人的情况说明,职工的移动最常发生在录用后1到3个月以内。在国光纱厂的说明中,一个月内发生移动的最多,6个月以内移动者占移动者总数的约50%。然而,10年以上工龄者占全体员工的20%,最长的有17年工龄。根据这些情况可推测,在之前工厂复职的有经验劳工较少移动。新从业者,尤其是无经验的劳工,较易受到各种风闻诱惑在各工厂之间来回流动。因此如果以一年为基准来计算连续工作率的话,与流动速度比较起来,连续工作率或较高。

三 出勤率

与出勤率相对的是缺勤率。日本国内通勤者中缺勤率为普通男工2%—3%、女工3%—4%。下面是内外棉工厂调查得到的出勤率情况。

表12－7 部门类型及职工资格类型出勤率调查
(内外棉纱厂的调查)①

月份	部门	职工资格			
		正式工	临时工	培训	全体
三月	纺织部	92.9	91.1	90.5	92.2
	织布部		88.2		88.2
	内部计	92.9	89.7	90.5	91.5
	外部	94.2	80.0		93.7
	总计	93.2	89.5	90.5	91.8
四月	纺织部	95.1	92.1	94.2	94.3
	织布部	92.3	93.2	87.5	91.0

① 原文此表中无百分比说明。——译者注

续　表

月份	部　门	职　工　资　格			
		正式工	临时工	培　训	全　体
四月	内部合计	94.5	92.2	91.0	93.6
	外部	96.2	92.9		95.7
	总计	94.8	92.3	91.0	93.9
五月	纺织部	94.5	90.0	93.6	93.6
	织布部	91.1	87.6	83.0	89.1
	内部合计	93.8	89.7	88.9	92.6
	外部	96.3	94.1		95.9
	总计	94.2	90.4	88.9	93.0
六月	纺织部	92.6	87.9	92.9	92.0
	织布部	88.7	92.3	84.3	88.0
	内部合计	91.7	88.8	87.5	90.9
	外部	96.3	94.3		96.6
	总计	92.3	89.8	87.5	91.6

其他公司和上述情况大同小异，若分部门来说明，内部出勤率与外部相比要低2%到3%，大概在90%到93%左右。分职工级别来看，试验工、养成工与正式工相比通常要低3%，大概不到90%。分男女工进行比较，结果如下表所示。

表 12-8 内外棉纱厂男女工出勤率(6月)

部门	男工	女工	计
纺织部	93.1	91.3	92.0
织布部	88.9	87.7	88.0
外部	96.0	95.0	96.6

将基本工序中细纱和织机室的出勤率单独列出,可得到如下结果。

表 12-9 细纱及织机室出勤率(6月)

部门	男工	女工	计
细纱	93.9	93.2	93.4
织机	86.8	88.1	87.8

从全年各月份来看出勤率的变化,一般在4月和10月的农忙期通常会低一些,但也不会低很多。而且,一个月中工资发放的第二天,各家公司的出勤率都会比平常低1%至2%。这往往是由于员工自己要求休息而造成的缺勤,或者附近农村出身的员工回乡造成的缺勤。另外,今年6月青岛在市公署①的指挥下成立青年团②,造成了一些普通青年劳工为了回避入团而辞职逃离青岛,由此引起骚乱。在四方的工厂受此影响出勤率比平常月份低约5%,但是上述影响对于沧口的

① 原文如此,为伪政权机构。——译者注
② 原文如此,为伪政权组织。——译者注

工厂而言并不大。

四　出勤证明和对迟到缺勤的监督管理

出勤证明是劳工本人在出勤时,将工人证或者工人账本提交于人事科盖章,人事科再将此转记至台账中。

各家公司迟到的例子很少,内部规定了以下处置方法。

迟到扣工资的内部规定

富士、公大、内外、丰田	每迟到 10 分钟扣除工资的 1 分
大康	每迟到 10 分钟扣除 2 钱

入门限制内部规定

内外	上班开始时刻 10 分钟过后
日清	上班开始时刻 15 分钟过后
大康	上班开始时刻 30 分钟过后
公大	上班开始时刻 1 小时过后

对于缺勤者,各家公司设置专门负责人,对缺勤人员进行督促出勤。无理由缺勤者给予解雇处分。

第十三章　劳工招募和培养

一　劳工招募

各家公司在建立初期,曾经把一般职员或者专门负责招聘的招聘员派遣去农村,在宣传公司的同时从事劳工招募工作。后来,只在公司门口张贴招募广告便足够了。再之后,随着经营规模的扩大,只在紧急需要招募劳工的时候,招聘员到农村走一圈,把招聘的信息宣传出去即可,因此各家公司都几乎没有专门用来招聘的预算。上述招聘员从属人事部,平常只负责公司门前的招聘公告、监督缺勤者的出勤,但没有决定员工工资、人事任命等职责。各家公司前去招聘宣传的地区虽各不相同,但大体都集中于青岛市附近的胶县、平度、莱阳、益都、高密等诸县。最开始在益都县(青州)招募女工的日本棉纺织工厂是公大纱厂,公大纺织厂从1923年末到1925年春在青州主要招募没有缠足的女子为女工。之后,各个公司都开始在青州、平度、莱阳等县招收女工,据说是因为这些地区的居民是满族旗人的后人,没有缠足习惯。现今,出身青州的女工有一种不一样的气质,与其他地区出身的女工不那么容易相处。这次事变后重建,各家工厂除一两家工厂之外,都出现劳工不足的情况。但因地方农村的治安状况还是很差,公司无法下乡招募劳工,只能在工厂门前张贴公告进行招聘。并且各家工厂都想招聘有经验的劳工,因此出现互相争抢劳力资源的势头。招聘条件被认为最优越的公大等一两家工厂,出现了每天早上在门前排队应聘的情况。

二　职工的录用及培养

录用无经验劳工时,年龄要求以14、15岁至16、17岁为宜。在户籍法并不完善的中国,更多的是通过身体发育状况、身高等来判断年龄。比如,青岛公大规定只录取身高4尺5寸以上,上海规定只录取4尺8寸以上体格的劳工。当然,还需要同时满足具有适合劳动的健康体格的人才会被录用。各家公司在录用职工上采用了一样的体格标准,实际上公大在选择录用劳工上的要求更加苛刻。应聘者越多,就越有严格挑选的余地。

通常,劳工的培养时间,细纱工为4个月、织布工为6个月、卷布工为1个月,根据不同的工序需要的培训时间长短不一。各家工厂对不同工种的培训时间并不一致,再加上每个人掌握技能的速度也快慢有别,因此最快的细纱工有一个月就可以升级为正式工,并开始在流水工序上独立承担工作的。大体来说,操作织机的劳工,要达到操作熟练需要较长的培养时间,因此各家公司都希望直接雇佣有经验的劳工,之间就比较容易发生抢夺劳工的情况。

培训方式主要有两种,一种是指导员在特别的训练台上进行培训;一种是把新员工放到老员工中间,通过见习进行培训。培训期间的工资,按照工作的小时数支付,每2到3个月涨2、3钱的工资,当升级为正式工时,其时薪工资已经大概与按产量计算工资的职工一样了。录用有经验的劳工需要通过技能考试,1到3个月的试用之后即录用为正式工。

第十四章　思想　结社　劳动争端

自古以来,在中国的劳工中,山东的劳工就以性格淳朴、工作勤劳而广为人知。与曾在上海及青岛等地担任过劳务管理的日本负责人谈话可知,青岛棉纺织劳工性格温顺,很好使用。青岛纺织业分别在1925年、1929年、1936年发生过3次规模较大的罢工事件。当然,在此之前也时常有小规模的罢工活动。这些纷争的共同特点在于,发生的原因并非因内部经济等纠纷,而均由外部策动所导致。若在华日资棉纺织业劳工的待遇条件已经差到劳工不得不诉之于抗争手段的话,那么比日资棉纺织业待遇更差的中国民族资本棉纺织业的劳工抗争应该就几乎无休无止了。但事实正好相反,青岛日资棉纺织业劳工抗争的外部策动力量最初源自上海。即在1925年,共产党系统的干部因在上海发动罢工并未取得良好结果,便将抗争力量转移至青岛,他们先组建起稳固的工会,之后因在准备对资本家发动抗争时被发现,于是立即转为集体罢工运动。当时华中、华南的共产主义运动开始白热化,陈独秀把据点从广东转移到上海(1925年4月)来指挥运动。中国共产党的第三共产国际中国本部被正式承认,据点也设在上海。并且陈独秀一派成功与国民党合作,共产党在国民党内部取得了一些实权。① 另一方

① 关于“国共合作”等方面的描述,根据日文原文进行直译,请读者注意甄别。——译者注

面,华北的"第三共产国际"和国民党中的共产党派系共同组织、步步为营,他们将斗争的目标重点放在打倒日本帝国主义。

国民政府的北伐于1928年宣告成功,宣传标语从"打倒万恶的军阀"变成"打倒日本资本主义侵略者"。市党部和在党部领导下成立的工会组织委员会制造出在华日本棉纺织工厂的劳工问题,带领抗争力量根据日本势力的消长,看到机会就发起进攻。1936年的抗争是事变发生前国民政府抗日辱日运动的具体表现。工厂方面透露,事变之后工人的思想虽然已经恢复平静,但是从青岛英美烟草工厂的动向来看还需要警惕。

一 1925年的罢工

本次罢工共发生三次劳工争端,主要发生于四方区域的工厂(大康、内外、日清),沧口一带的工厂并未参与。

第一次

1. 争端规模

发生:1925年4月19日,大康纱厂的劳工开始罢工,同月23日内外棉纱厂的劳工、24日日清纱厂的劳工也相继参加罢工。

结束:同年5月10日　三处罢工一齐结束

历时:从大康纱厂发生罢工开始算共22天

涉及工厂及人员:大康5 070人、内外棉3 200人、日清2 200人,共10 470人。这是各家纱厂的全部劳工数量。

2. 原因

与同年2月上海爆发的纺织业罢工相同,上海共产党派系的外部唆使煽动是重要因素。① 上海工人罢工失败后,共产党一派潜入青岛,先发动大康纱厂的劳工成立工会,然后向企业提出诸多的条件要求。不过,中途因被工厂内部人员获取情报而暴露。于是,工厂内部首谋者被解雇,同时许多压制工会组织的压迫性措施也相继出台。因此,劳工为了对抗工厂马上开始同盟罢工行动。接着,内外棉纱厂、日清纱厂的劳工也开始参与其中。

3. 提出的条件(大康纱厂,4月19日提出)

(1) 承认工会的合法地位,成立工人代表机构。

(2) 增加按日付工资员工的工资,每人涨大洋1角。

(3) 按产量记工资的员工工资,增加25%。

(4) 上夜班的员工的伙食费翻倍。

(5) 废止扣押工资的制度。

(6) 因工伤缺勤者应支付工资。

(7) 社宅入住者的房租全免。

(8) 用餐时间延长到1小时。

(9) 严禁殴打职工。

(10) 对工人的处罚需要经过工会的同意。

(11) 对工人的罚金提交给工会作为工人教育费。

(12) 不得解雇工会代表。

(13) 罢工期间支付工资。

(14) 在工厂主同意上述要求条件的基础上,劳资双方在协议上署名盖章。

---

① 原文如此。——译者注

内外棉、日清劳工要求的条件也大同小异,只是由于工厂一方对承认工会合法地位的要求态度强硬,最后内外棉和日清的工人不得不放弃。

4. 主谋、背后组织、后援

主谋:苏美一、司钟章(大康纱厂),阎恩栋(内外棉),赵志喜(日清)

背后组织:上海共产党(李春容、小义长、孙秀峰、王复之),国民党中的共产党派(蒋云卿、江清源)

后援:《青岛公民报》(国民党机关报),国民党山东省党部(济南)、全国铁路工会、胶济铁路工会、胶澳电话局、上海纱厂工会、青岛学生团

5. 经过

大康纱厂的罢工指挥部设在职工宿舍内,背后有力的后援是罢工运动能够持久的力量所在。工厂方面,由于内外棉、日清也受到了罢工的影响,所以与宣告无条件解决(劳工要求)的上海日资棉纺织工厂不同,相反,青岛的日本纺织工厂决定进行持久对抗,尤其考虑到对将来中国日资企业的影响,制定了决不让步的方针。在罢工发生的初期就请中国官方出面斡旋,之后又请总务商会等其他43个团体组成的市民工会进行调停,但都没有收到成效。最后是陈警察厅长出面调停,看在他的面子上最终达成和解。

6. 和解的条件

(1) 工厂对职工还是原来一样的待遇。

(2) 对于表现良好的员工随时进行奖励。

(3) 尽快支付工资。

(4) 职工的纪律及卫生上有违反规定之处,按照工厂的规则进行改进。

调停委员会提出,企业一方同意的事项为:

(1) 以低于市价40钱的价格供给面粉一袋。

(2) 原来的盒饭费从3钱增加到4钱。

(3) 用餐时间在原来的30分钟之外再增加15分钟。

(4) 不得殴打职工,如果发现行为不端者可以解雇。

(5) 赏罚要公开。

(6) 恢复运转5天内能够出勤的员工给予2天的工资翻倍。

于是,5月10日早晨3家公司一起恢复生产。

第二次

1. 争端规模

发生:1925年5月19日　大康纱厂工人再一次开始罢工,逐渐波及其他工厂。

结束:同年6月14日

历时:27天

涉及工厂和人员:与第一次大体相同

2. 原因

第一次争端结束之后,劳工中出现普遍怠业的氛围,并且主谋者们并没有停止对工会组织的策动,工厂还在与日本、中国的官方对此商量对策时,5月19日,大康纱厂的劳工又开始了罢工。

3. 要求条件

和第一次一样

4. 主谋,背后组织,后援

和第一次一样

5. 经过

劳工再次罢工后,中国官方决定解散工会,并出动保安队,这更激起了劳工方的激烈反抗。大康、内外棉两家纱厂于5月25日下午被劳工完全占领,引发了中日外交事件。桦、桦两艘日本驱逐舰从旅顺开进青岛港。造成的结果是,山东督办张宗昌发出镇压令,5月29日出动青岛保安队、中国海军陆战队、骑兵队,包围了大康、内外棉、日清3家纱厂,并责令劳工们退场散去。

大康、日清的劳工慢慢退出解散,但内外棉的劳工拒绝了。最终劳工被军队开枪打死2名、打伤16名、拘捕24名后,暴动被镇压了。30日,3家公司一起开始恢复生产。

6. 和解条件

(1)各家公司要支付被解雇的500名不良劳工25日之前的工资,并且另外支付3元返乡费。

(2)“良善”员工希望留在公司者,支付其26日之前的工资,但扣发28—30日3天的工资,29日以后停业期间仍需支付一半工资。但其实只有日清纱厂一直停业至20日早上,但一直截至28日,工资仍旧全额支付,其他方面与其他工厂一样。

煽动罢工的《青岛公民报》主笔根据中国官方法律被处以枪毙。

第三次

1. 争端规模

发生：同年7月23日

结束：7月24日

历时：2天

涉及工厂和人员：内外棉工厂的全体劳工，大康纱厂60%的劳工

2. 原因

内外棉工厂在上次争端中，被拘捕的劳工中有若干复职，以这些复职的劳工为中心提出将解雇的员工全部复职的要求。因此，第三次筹建起工会领导罢工，并提出以下要求条件。

3. 要求条件

(1) 承认工会。

(2) 支付给死者抚恤金3万元、重伤者1万元、轻伤者5 000元。

(3) 被解雇的劳工予以复职。

(4) 执行上次提出的条件。

(5) 4个小时以内回复。

4. 经过

23日，内外棉工厂有300名白班工人没有上班，他们召开了声势浩大的演说会，并使用暴力阻止夜班工人进入工厂，工厂方面只好宣布临时停业。同一天，大康纱厂的出勤劳工只有900名，仅完成40%的生产额。

5. 和解条件

除了上述一部分不良分子仍在顽固抵抗外,大部分劳工已经恢复平静。

二 1929年的罢工

1927年,国民革命军北伐进入山东省,引发了次年的济南事变。济南事变让日本侨民感到危机所在,于是日本出兵山东。1929年3月在国民政府新的统治之下,济南事变的善后交涉得到解决,5月日本军队撤出山东。山东省的行政机构在国民政府的行政框架下进行了全面改组,但青岛特别市政府、市党部等机关仍然执行的是中央的排日路线,压迫日本侨民权益的政策随着日本军的撤退越发突出。这是以棉纺织行业为代表的青岛日商工厂中劳工运动越来越激烈的根本原因。①

下面介绍纠纷发生之前党政机关的准备活动概况。

一,青岛的行政权力机构中,又开始了从前就存在的国民党部的活动。4月,青岛市党部执行委员会成立,丁振汉任代理委员长。

二,四月中旬阎海平获得陈中孚(青岛接收委员)的许可,组织成立党部别动队青岛工会整理委员会,自己出任会长。上述工整会委员会议上对工作方针做出了如下决定:

(1)成立强力团结的团体组织的同时,准备设立罢工基金。

(2)等罢工基金累积到足够丰富的程度后,就可以对各工厂主提出各项要求,若不同意(提出的要求),就立即开始罢工。

---

① 原文如此。——译者注

（3）参加国民党战线打倒日本帝国主义。

三，上述党部和工整会相互联络，连同煽动1925年罢工运动中的首谋者、其他不良分子一起，在四方地区（铁路工会的本部），沧口地区（首谋旭东），台东镇地区（担当李园庭）开展工会组织工作。

四，5月，中央党部任命吴恩豫、李应中、杨兴邓、李郁延、丘元武等人为新青岛特别市党部指导委员。一行人于5月从上海来到青岛，原来的青岛市党部被强行解散。

五，上述新的青岛市党部于6月重新成立市工会整理委员会，李丹亭、殷学测、杨会鹏任常务执行委员，工整会的活动比以前更加规范化。

六，日本军队撤退（5月20日）约1个月后，党部和工整会的活动逐渐公开化，开始煽动各个工厂里的工会和外部的学生团体，在位于青岛磷寸、台东镇地区的日华蚕丝、华祥磷寸，四方地区的和田制材所，沧口的各家纺织工厂等煽动开展怠工罢工、暴乱等活动。

工厂方面通过日本总领事馆（前田总领事）要求中国官方进行严格管控，中国官方表面上答应，但在暗地里与市党部和工整会串通一气，因此一直没有成效。随着形势的日益恶化，四方及沧口纺织工业地带陷入了无警察、无秩序的混乱状态。一直隐忍的工厂业主也终于不得不关闭工厂。争端的情况如下。

第一次

1. 争端规模

发生：1929年7月21日，四方及沧口的六家棉纺织工厂一起关闭停业。

结束：7月24日

历时：3 天

涉及工厂和人员：日清(1 070)、大康(3 374)、内外(2 558)、长崎(1 162)、富士(1 362)、钟渊(3 320)，共计 6 家工厂(12 846)。括号内是涉及的劳工数量。

2. 原因

起因于前述市党部及工整会的排日运动路线，外部的策动导致工厂内怠工罢工、暴乱等事件不断。虽然要求中国官方对此进行取缔，但两者暗地里相互通气，对解决问题并没有任何实效。为了肃清工厂内部，不得已于 21 日张贴公告关闭工厂，公告内容如下：

(1) 截至 25 日上午 6 点，临时停业 3 天。

(2) 停业期间支付“良善”劳工 20 钱的伙食费。

(3) 公布 6 家工厂中不良职工的姓名。

3. 背后组织

一是国民政府青岛特别市党部。该党部指导委员干部有吴思豫、李冀中(组织部长)、杨兴勤(宣传部长)、李郁延、丘元武(训练部长)。

二是青岛市工会整理委员会。同执监委员有殷学渊、甄洪亮、葛子明、王福勋、郭家范、杨会鹏、李丹亭，共计 7 名。

三是上述市党部和整理委员会正式成立之前的旧市党部(代理委员长丁振汉)及旧工整会(会长阎海萍，高级干部孙旭东)系的成员。

此外，还包括青岛市特别市政府、学生联合会、青岛民国日报、山东铁路四方机厂工会。

棉纺织工厂劳工在工整会及党部指导委员会登记的姓名有：

大康（杨玉庭、张仁堂），日清（曲文明、李勉齐），内外棉（宋玉铭、黄兆洽），钟纺（王明叶、王智桐），富士（李凤玉、于继周），长崎（曹凤举、郑培憬）。

4. 经过

22日上午，6家公司一齐发布了对不良劳工的解雇处置公告，市党部及市政府提出了让劳工主动辞职的要求，最后与社会局商讨决定提出以下的和解条件，原本急转直下的局面得到扭转。

5. 和解条件

（1）216名不良劳工主动辞职，根据中国官方法律进行处置。

（2）企业对上述辞职劳工支付3个月的辞职补贴，通过社会局支付截至停业前一天的工资。

（3）上述辞职劳工在2到3天之内搬离工厂宿舍，如果有妨碍在留劳工出勤的行为，将根据中国官方法律对其进行严格惩处。

（4）工厂重新开业复工时，一般工人必须全部出勤，官方确保复工后的工人严格遵守工厂规章制度。

（5）以上条款由中国官方做出承诺，保证执行，工厂于24日上午6点开始恢复生产。

对于216名解雇劳工的处置，由社会局移交给党部，问题暂时得到解决，工厂方也于23日发出公告，24日上午6点开始复工生产。被解雇的216名劳工在6家公司中的详细分布如下：

日清（14）、大康（60）、富士（23）、内外（43）、钟纺（43）、长崎（33）6家公司共216名。

第二次

1. 争端规模

发生：1929年8月2日，钟纺、长崎纱厂再次关闭工厂。

8月3日　富士纱厂关闭工厂。

8月4日　四方的大康、内外棉、日清3家工厂同时宣布停业，从上午9点开始无期限停业，关闭工厂。

8月6日　仅剩的钟纺绢丝部也停业关闭。

结束：同年11月27日

历时：118天(从钟纺、长崎纱厂的关闭算起)

2. 原因

本次争议是第一次争议的延续，即第一次争议暂时得到解决工厂复工生产之后，工厂内外不良分子的策动依然没有停止，怠工、暴力事件日益恶化，工整会把带头罢工的工人召集起来成立纠察队，并与公安局联合起来暴力压迫温和派的工人、不择手段地阻碍工厂生产活动的正常运转等。对此，工厂方面向中国官府提出了严重交涉但没有效果，最终钟纺和长崎纺织只好再次关闭了工厂，随后其他4家公司也相继停业。

3. 背后组织、后援

与第一次相同

4. 经过

工厂方贴出公告，从停业当天开始的6天以内支付给一般职工20钱的伙食费，开启总停业的序幕。这次关闭停产预计会持续很长时间,生产监督者举全力对机械器具实施防锈措施,工整会为了确保工人的团结,把失业工人集中到大港码头仓库和北京路小学,社会局给他们提供粮食。特别市党部为了达到救济失业工人、压迫日本人权益、振兴民族工业一石三鸟的效果,设立了建立国货工厂的筹备会。通过了以下决议:

(1) 为了救助失业工人设立青岛民生国货模范工厂。

(2) 资本金为 20 万元,每股 50 元,共计 4 000 股。

(3) 以官民合办的方式,其中 2 000 股由政府出资购买,剩余的由创立委员招商发行。

(4) 工厂地点选在李村农林试验场内。

(5) 董事会成员的 7 人中,2 人从市政府中选出,剩下 5 人从股东中互选得出。检查官设置 2 人,其中市政府 1 人,民间 1 人,董事长由董事会选出。

然而很明显,20 万元的资金从一开始就要达到令人满意的工厂设立经营是很困难的。结果现金出资只有总商会,这部分资金全部都耗费在工人救济的名目下,计划根本没有奏效。

另外,工整会的直接活动在企业方决定第二次关闭工厂停业之后变得更加激烈。他们把失业工人召集起来成立纠察队,对不响应工会主张,不参与运动的劳工、中国人劳工、门卫等戴上“日本帝国走狗”的帽子,把他们抓起来施加暴力。之后又对日本人职员的家庭佣人、出入商人、邮递员等施加暴力。甚至出现了威胁到日本人职员正常日常生活的暴力事件。虽然 8 月 7 日藤田总领事与吴代理市长会面时,对纠察队的暴力行为发出警告,但是青岛市代理市长(吴思豫)毫无诚意地认为事件无法快速解决。所以争端解决还是遥遥无期。

当时工会一方的要求综合起来大体如下:

(1) 此次争端的责任是日本企业一方,并且负全部责任。

(2) 工厂承认工会组织和运动的合法性。

(3) 工厂不得单方面关闭工厂,如果必须关闭工厂,需提前一个月通知工会并获得工会的同意。关闭工厂后发放给辞职工人补贴时,工龄1年以内的员工按最终工资的金额发放1个月额度,满一年以上工龄的员工按以上结算支付工资,且不论距离远近一律支付返乡路费。

(4) 工人的募集必须通过工会,不经过工会的同意不得雇佣和解雇工人。

(5) 各家工厂每个月支付给该工厂的工会经费为500元,工厂的一切罚金都交由工会,由工会对劳资双方的事件进行审查。

(6) 关闭工厂期间,需支付给工人全额工资。

很明显工厂方面不会同意以上要求,所以争端进入了持久对峙阶段。到了10月末,工厂方根据各自的情况开始允许杂工、清洁工上班,接着11月4日开始允许"良善"工人进入工厂,沧口的钟纺有560人,富士有110人,长崎有67人出勤。然而对此工整会的不良工人团体情绪激昂,11月20日对钟纺的"良善"工人施以暴力,与制止此暴行的日本人职员及中国警察官之间发生了流血事件。事件影响也波及其他工厂,新市长马福祥也开始忙于解决争端,通过多次与日方交涉于11月24日最终达成协定。

5. 和解条件

11月24日,在国际俱乐部,藤田领事、船津纺织同业会理事长、青岛市马市长分别在协议书上盖章,达成协议条件如下;

(1) 企业方认定的不良劳工250人(包括山东华祥、"两"火柴、青岛丝厂)，由市政府出面对其进行劝告自愿辞职。

(2) 纱厂支付辞职劳工每人 40 元。

(3) 额外支付复工劳工每人 4 元。

其中关于第(2)、(3)项，由工厂方把支付的总金额交给市政府，市政府在参酌企业方意见的基础上将其分配给职工。

(4) 各家工厂于 12 月 27 日开始同时复工，如果各工厂各个部门无法同时复工的话，尽可能在最短时间内全部开始生产。

各公司开工时，需在开工前一天发出公告，同时由领事馆通知市政府。

于是，各家工厂于 27 日早上一齐开始恢复生产，沧口方面暂时还有不良职工妨碍复工，出勤率不足。针对这个问题，日本领事又对市长发出了予以取缔的要求，市长回应了日本方面的要求，派遣了巡警和中国方面的陆战队——马鸿达部队的一部分到达沧口驻军，体现出了解决问题的诚意。12 月以后，前后持续了 4 个月的恶性争端事件终于完全平静下来，出勤恢复了正常化。作为此次争端根源的工整会也被要求于 11 月 30 日解散，其事务由市政府社会局掌握。各家工厂解雇的职工数统计如下：

钟纺：53

内外：37

长崎：21

富士：21

日清：16

大康：52

6 家公司共计：200 名

三　1936年争端

与同年10月爆发的上海日资纺织业大罢工一起构成了全中国抗日运动的一部分,因此这次争端与其说是经济斗争不如说是政治上的抗日斗争。

1. 争端规模

发生:1936年11月19日　内外棉职工开始怠工。

到同月22日　大康、日清、丰田都进入怠工状态。

到同月24日　丰田机械运转全部停止。

同月25日　大康机械运转全部停止。

12月2日　沧口方面的工厂也加入停工。

结束:12月14日上午6点　齐复工。

历时:26天(从内外棉的怠工开始算起)

涉及的工厂和人员:四方、沧口9家日资工厂的全部,涉及劳工总数24 000人。

2. 原因

包括前几年争端中作为罪魁祸首的不良劳工在内的胶济铁路四方工厂中的共产党分子,利用上海纺织业罢工的好时机,在各工厂内部进行策动,加之当时由于绥远问题聚集起来的山东学生团,在国民党党部的煽动下抗日气氛越来越浓,争端进一步扩大并恶化。①

---

① 原文如此。——译者注

3. 和解条件

(1) 承认工会。

(2) 提高工资。

(3) 主要员工工资的支付方式变为每月支付制。

(4) 缩短劳动时间。

(5) 反对解雇员工。

(6) 对已解雇的员工予以复职。

4. 背后组织,后援

国民党部铁道党部、学生团

青岛市政府社会局主任陈某

5. 经过

11 月 19 日内外棉的怠工开始以后,逐渐扩大恶化,但尚未波及沧口地区的工厂。12 月 2 日青岛总领事、陆海军驻在武官、各纺织业代表、平冈同业理事等共同协议的结果是 2 日下午 6 点开始,9 家工厂断然实行全厂封闭停业。3 日凌晨日本海军陆战队登陆青岛,直接进驻各家工厂进行戒备,另一方面,市党部、铁道党部、国术馆、市立图书馆等对在背后煽动的指挥部进行检查,逮捕了可疑分子,收集了证据文件。令人感到奇怪的是,为了警戒争端而出动的中国陆战队采取了和日本陆战队对峙的态度,甚至加入罢工团一方。

12 月 8 日西总领事和沈市长会面,约定了以下安抚条件。

6. 和解条件

(1) 关闭国术馆(排日策动总指挥部)。

（2）解散市党部。

（3）驱逐不良职工。

（4）工厂外煽动者的处罚。

（5）罢免争端指挥官员。

（6）沈市长道歉。

（7）青岛市市政府机要部门里安排日本人顾问。

于是,共产党分子退到南方,党部退到青岛管辖范围外的城阳,市政府职员陈某(主谋者)被罢免,由于监督不力的责任公安局长王时泽被罢免。14 日上午 6 点,工厂方复工开始生产。日本陆战队于 12 月 23 日撤退。

本章参考资料

宇高宁著《中国劳动问题》

内藤顺太郎著《在中国的纺织争议》

宫本通治氏《关于在青岛日本纺织业罢工的报告》(1925 年 5 月满铁社内报告)

青岛日本商工会议所《青岛地方的劳动风潮》(1929 年 9 月)

《满铁调查时报》第 9 卷 12 号《青岛劳动争议解决》(1929 年 12 月发行)

《大阪每日新闻》1936 年 10 月至 12 月记事

第一表　在青岛日本纺织各社操业状态[1]

1939 年 6 月末

附表 1　日本在青岛的各纺织公司作业状况表

设备内容 / 公司名称	精纺机枚数				捻线机枚数				织机台数			
	安装	运转可能	运转	运转率	安装	运转可能	运转	运转率	安装	运转可能	运转	运转率
大康	54 980	52 380	47 772	86.9%	4 956	4 956	—	—	830	800	770	96.0%
内外	49 252	49 252	44 232	89.8%	5 880	5 880	5 880	100.0%	600	600	561	93.5%
日清	44 000	44 000	44 000	100.0%	3 000	3 000	3 000	100.0%	500	500	500	100.0%
丰田	38 500	38 500	24 200	61.9%	3 600	3 600	3 520	—	600	600	350	58.0%
上海	43 984	43 984	43 984	100.0%	3 960	3 960	3 520	88.9%	800	800	800	100.0%
国光	33 000	33 000	33 000	100.0%	3 000	3 000	3 000	100.0%	400	400	400	100.0%
公大	54 984	20 400	18 620	33.9%	—	—	—	—	1 100	1 100	520	47.3%
富士	32 720	32 720	15 360	45.0%	—	—	—	—	300	—	—	—
同兴	38 248	38 248	38 248	100.0%	5 000	5 000	4 000	80.0%	700	700	700	100.0%
合计	389 668	352 484	309 416	79.4%	29 396	29 396	22 920	65.9%	5 830	5 500	4 601	78.9%
前月末	368 164	333 828	289 232	78.6%	29 396	29 396	10 260	34.8%	5 002	4 488	3 928	72.5%
复兴许可数	389 704	—	—	—	—	—	—	—	7 100	—	—	—

① 档案原文缺失附表 3。——译者注

附表 2　1939 年 1 月以降青岛纺织劳动者数统计表

（以每月 20 日为中心）

工厂＼月份、男女	一月			二月			三月			四月			五月			六月			七月		
	男	女	计	男	女	计	男	女	计	男	女	计	男	女	计	男	女	计	男	女	计
公大	—	—	—	—	—	—	—	—	—	—	—	—	1 200	341	1 541	1 645	611	2 256	1 992	781	2 773
内外	722	499	1 221	888	699	1 587	905	1 020	1 925	904	1 255	2 159	945	1 317	2 262	983	1 443	2 426	951	1 450	2 401
上海	1 143	1 243	2 386	1 096	1 243	2 339	1 009	1 320	2 329	1 044	1 364	2 408	1 045	1 263	2 308	1 098	1 205	2 303	1 114	1 219	2 333
同兴	607	900	1 507	895	1 063	1 958	922	1 205	2 127	921	1 287	2 208	991	1 350	2 341	964	1 244	2 208	970	1 252	2 222
丰田	460	381	841	588	599	1 187	672	1 053	1 725	673	1 285	1 958	694	1 499	2 193	711	1 471	2 182	712	1 480	2 192
大康	347	200	547	533	279	812	777	595	1 372	1 032	531	1 563	1 149	606	1 755	1 318	655	1 973	1 422	676	2 098
国光	1 151	389	1 540	1 073	408	1 481	1 083	409	1 492	1 142	479	1 621	1 187	530	1 717	1 268	525	1 793	1 274	525	1 799
日清	934	797	1 731	954	797	1 751	956	722	1 678	933	686	1 619	942	661	1 603	930	638	1 568	916	649	1 565
富士	156	—	156	187	—	187	377	92	469	500	163	663	555	258	813	662	392	1 054	670	446	1 116
合计	5 520	4 409	9 929	6 214	5 088	11 302	6 701	6 416	13 117	7 149	7 050	14 199	8 708	7 825	16 533	9 579	8 184	17 763	10 021	8 478	18 499

附表 4　青岛本地人纺织从业员编成调查表

1939 年 7 月

公司 \ 从业人员编成			公大 男	公大 女	公大 计	内外 男	内外 女	内外 计	上海 男	上海 女	上海 计	同兴 男	同兴 女	同兴 计	丰田 男	丰田 女	丰田 计
职员	技术员	上级(日)	4	—	4	7	—	7	6	—	6	6	—	6	6	—	6
职员	技术员	下级(日)	9	—	9	15	—	15	5	—	5	8	—	8	7	—	7
职员	事务部	上级(日)	6	—	6	5	—	5	2	—	2	4	—	4	3	—	3
职员	事务部	下级(日)	7	3	10	10	4	14	9	4	13	9	—	9	12	4	16
职员	事务部	下级(中)	—	—	—	—	—	—	33	2	35	—	—	—	—	—	—
职员	监督者(日)		23	—	23	9	—	9	26	—	26	19	—	19	25	—	25
职员	计		49	3	52	46	4	50	81	6	87	46	—	46	53	4	57
体力劳动者	领班及调度员(中)		110	40	150	117	38	155	45	48	93	90	27	117	66	21	87
体力劳动者	直接体力劳动者(中)		1 752	727	2 479	772	1 406	2 178	992	1 169	2 161	826	1 220	2 046	556	1 440	1 996
体力劳动者	间接体力劳动者(中)		130	14	144	62	6	68	77	2	79	54	5	59	90	19	109
体力劳动者	计		1 992	781	2 773	951	1 450	2 401	1 114	1 219	2 333	970	1 252	2 222	712	1 480	2 192
每 100 人体力劳动者对应的职员层人员比			2.5	0.4	1.9	4.8	0.3	2.1	7.3	0.5	3.7	4.7	—	2.1	3.5	0.3	2.6

续 表

公司 \ 从业人员编成			大康 男	大康 女	大康 计	国光 男	国光 女	国光 计	日清 男	日清 女	日清 计	富士 男	富士 女	富士 计	合计 男	合计 女	合计 计
职员	技术员	上级(日)	5	—	5	5	—	5	3	—	3	4	—	4	46	—	46
		下级(日)	12	—	12	3	—	3	5	—	5	6	—	6	70	—	70
	事务部	上级(日)	5	—	5	3	—	3	6	—	6	5	—	5	39	—	39
		下级(日)	7	3	10	17	—	17	5	—	5	5	—	5	81	18	99
		下级(中)	—	—	—	—	—	—	9	—	9	13	—	13	55	2	57
	监督者(日)		23	—	23	35	—	35	20	—	20	26	—	26	206	—	206
	计		52	3	55	63	—	63	48	—	48	59	—	59	497	20	517
体力劳动者	领班及调度员(中)		104	24	128	75	13	88	87	20	107	42	20	62	736	251	987
	直接体力劳动者(中)		1 274	646	1 920	1 145	507	1 652	759	623	1 382	586	418	1 004	8 662	8 156	16 818
	间接体力劳动者(中)		44	6	50	54	5	59	70	6	76	42	8	50	623	71	694
	计		1 422	676	2 098	1 274	525	1 799	916	649	1 565	670	446	1 116	10 021	8 478	18 499
每100人体力劳动者对应的职员层人员比			3.7	0.4	2.6	4.9	—	3.5	5.2	—	3.1	8.8	—	5.3	5.0	0.2	2.8

附表5 青岛纺织作业不同工程劳动者数一览表

	内外			大康			丰田			国光			上海		
	男	女	计	男	女	计	男	女	计	男	女	计	男	女	计
清花	79	—	79	41	—	41	51	—	51	24	—	24	46	2	48
梳棉	91	—	91	72	—	72	21	44	65	44	—	44	55	—	55
棉条	25	20	45	12	41	53	—	57	57	36	—	36	6	31	37
初纺	105	20	125	104	—	104	16	69	85	122	—	122	29	59	88
细纱	102	447	549	455	148	603	109	414	523	227	136	363	168	381	549
小计	402	487	889	684	189	873	197	584	781	453	136	589	304	473	777
卷线、合线	13	184	197	2	45	47	4	62	66	8	70	78	3	138	141
捻线	18	57	75	—	1	1	—	—	—	10	16	26	33	13	46
纫场	22	248	270	171	217	388	57	194	251	95	51	146	43	96	139
染场	51	2	53	22	—	22	24	—	24	16	—	16	31	3	34
皮革	16	4	20	22	4	26	15	8	23	11	1	12	22	—	22
试验	6	2	8	2	10	12	14	8	22	4	12	16	9	—	9

续 表

	内外			大康			丰田			国光			上海		
	男	女	计	男	女	计	男	女	计	男	女	计	男	女	计
捡花	—	10	10	6	2	8	11	19	30	2	11	13	5	26	31
杂工	2	14	16	6	—	6	—	—	—	7	1	8	—	—	—
计	530	1 008	1 538	915	468	1 383	322	875	1 197	606	298	904	450	749	1 199
卷回	6	61	67	14	86	100	7	111	118	5	44	49	20	95	115
粗卷	1	12	13	3	34	37	—	21	21	9	64	73	5	28	33
整经	—	—	—	—	—	—	—	—	—	1	24	25	—	—	—
浆纱	17	—	17	28	—	28	15	—	15	12	—	12	22	—	22
经通	4	39	43	8	54	62	7	65	72	6	29	35	5	67	72
织造	81	271	352	314	—	314	85	335	420	309	14	323	258	230	488
叠布	12	30	42	34	28	62	10	46	56	13	15	28	37	47	84
打包	—	—	—	—	—	—	—	—	—	2	—	2	—	—	—

续表

	内外			大康			丰田			国光			上海		
	男	女	计	男	女	计	男	女	计	男	女	计	男	女	计
杂工	8	5	13	—	—	—	7	—	7	5	13	18	—	—	—
加工部	—	—	—	—	—	—	—	—	—	50	14	64	—	—	—
计	129	418	547	401	202	603	131	578	709	412	217	629	347	467	814
原动	36	1	37	9	—	9	20	—	20	48	—	48	49	—	49
电气	54	—	54	10	—	10	56	—	56	22	—	22	25	—	25
铁工	53	—	53	24	—	24	51	—	51	40	—	40	69	—	69
木工	20	—	20	15	—	15	16	—	16	33	—	33	75	—	75
鍼力	8	—	8	10	—	10	10	—	10	10	—	10	8	—	8
其他	121	23	144	38	6	44	106	27	133	103	10	113	91	3	94
计	292	24	316	106	6	112	259	27	286	256	10	266	317	3	320
合计	951	1 450	2 401	1 422	676	2 098	712	1 480	2 192	1 274	525	1 799	1 114	1 219	2 333

续 表

	富士			同兴			日清			公大			合计		
	男	女	计	男	女	计	男	女	计	男	女	计	男	女	计
清花	25	—	25	54	—	54	33	—	33	40	—	40	393	2	395
梳棉	30	—	30	82	—	82	79	—	79	52	—	52	526	44	570
棉条	24	12	36	8	41	49	—	—	—	20	—	20	131	202	333
初纺	72	7	79	25	63	88	96	12	108	126	—	126	695	230	925
细纱	113	204	317	182	365	547	121	283	404	169	381	550	1 646	2 759	4 405
小计	264	223	487	351	469	820	329	295	624	407	381	788	3 391	3 237	6 628
卷线、合线	55	60	115	12	210	222	85	118	203	—	—	—	182	887	1 069
捻线	—	—	—	32	22	54	4	10	14	—	—	—	97	119	216
纫场	71	88	159	61	84	145	77	73	150	55	102	157	652	1 153	1 805
染场	14	6	20	20	2	22	24	4	28	17	—	17	219	17	236
皮革	17	—	17	24	—	24	14	—	14	15	—	15	156	17	173
试验	12	7	19	—	4	4	3	7	10	—	—	—	50	50	100

续 表

	富士			同兴			日清			公大			合计		
	男	女	计	男	女	计	男	女	计	男	女	计	男	女	计
捡花	2	6	8	8	18	26	—	—	—	8	23	31	42	115	157
杂工	—	—	—	—	—	—	17	—	17	12	2	14	44	17	61
计	435	390	825	508	809	1 317	553	507	1 060	514	508	1 022	4 833	5 612	10 445
卷回	—	—	—	6	120	126	3	14	17	4	13	17	65	544	609
粗卷	—	—	—	4	93	97	8	40	48	49	117	166	79	409	488
整经	—	—	—	—	15	15	2	10	12	21	20	41	24	69	93
浆纱	—	—	—	20	—	20	8	—	8	30	—	30	152	—	152
经通	—	—	—	7	54	61	3	25	28	38	66	104	78	399	477
织造	83	56	139	235	98	333	191	24	215	852	—	852	2 408	1 028	3 436
叠布	—	—	—	23	58	81	10	29	39	27	43	70	166	296	462
打包	—	—	—	—	—	—	—	—	—	—	—	—	2	—	2

续 表

	富士			同兴			日清			公大			合计		
	男	女	计	男	女	计	男	女	计	男	女	计	男	女	计
杂工	—	—	—	—	—	—	—	—	—	—	—	—	20	18	38
加工部	—	—	—	—	—	—	—	—	—	—	—	—	50	14	64
计	83	56	139	295	438	733	225	142	367	1 021	259	1 280	3 044	2 777	5 821
原动	6	—	6	19	—	19	5	—	5	34	—	34	226	1	227
电气	14	—	14	21	—	21	14	—	14	41	—	41	257	—	257
铁工	45	—	45	38	—	38	25	—	25	145	—	145	490	—	490
木工	30	—	30	32	—	32	11	—	11	96	—	96	328	—	328
鉽力	15	—	15	8	—	8	10	—	10	25	—	25	104	—	104
其他	42	—	42	49	5	54	73	—	73	116	14	130	739	88	827
计	152	—	152	167	5	172	138	—	138	457	14	471	2 144	89	2 233
合计	670	446	1 116	970	1 252	2 222	916	649	1 565	1 992	781	781	10 021	8 478	18 499

附表 6　青岛纺织劳动工人报酬变动表

一、见习工初任工资

		内外		公大		大康		上海		同兴		丰田		国光		日清		富士		平均	
		男	女	男	女	男	女	男	女	男	女	男	女	男	女	男	女	男	女	男	女
事变前(1937年)		24	22			20	20	30	28											25	23
事变后(1939年)	一月	28	26			32	28	35	30	35	30			30	28	40	35	32	28	33	29
	二月	32	30			32	28	35	30	35	30	33	29	30	29	40	35	32	28	34	30
	三月	35	30			35	30	35	30	35	30	35	30	35	30	40	35	35	30	36	32
	四月	40	32			35	30	35	30	40	35	35	30	38	30	40	40	35	30	37	32
	五月	40	35	32	30	38	33	35	30	40	35	45	38	38	31	45	40	38	33	39	34
	六月	40	35	35	33	38	33	37	32	40	35	45	38	38	31	45	40	38	33	40	34

二、熟练工工资

		内外		公大		大康		上海		同兴		丰田		国光		日清		富士		平均	
		男	女	男	女	男	女	男	女	男	女	男	女	男	女	男	女	男	女	男	女
事变前(1937年)		51	51			53	40		43					50	42	47	35			50	42
事变后(1939年)	一月					53	40	56	45	55	50			58	48	70	65	53		59	48
	二月					54	42	55	45	56	50			60	52	70	65	53	43	58	48
	三月	55	52			57	45	59	45	56	51			59	50	72	67	50	45	58	51
	四月	53	54			58	47	60	48	60	55		59	60	49	73	68	55	50	60	54
	五月	64	62	62	54	58	50	59	48	62	58		66	60	51	75	70	55	50	63	55
	六月	66	59	64	55	60	50	63	48	62	58	75	68	63	51	78	71	57	52	64	57

三、特殊工种工人工资

		内外		公大		大康		上海		同兴		丰田		国光		日清		富士		平均	
		男	女	男	女	男	女	男	女	男	女	男	女	男	女	男	女	男	女	男	女
事变前（1937年）		68				64		61												64	
事变后（1939年）	一月					80		65		65				65		77		65		69	
	二月					82		65		65		80		64		76		66		71	
	三月	70				82		67		65		80		67		68		68		71	
	四月	69				84		67		68		85		66		79		70		73	
	五月	74		72		84		70		68		85		66		84		75		75	
	六月	75		73		85		70		68		85		66		84		75		76	

四、所有工种平均工资

		内外	公大	大康	上海	同兴	丰田	国光	日清	富士	平均
事变前(1937年)		50		48	43	45			44		46
事变后(1939年)	一月			50	48	49		56		53	51
	二月			51	49	49	50	58	60	54	53
	三月	58		53	50	52	54	58	62	51	55
	四月	54		54	51	54	55	58	64	51	55
	五月	58	57	59	56	56	67	58	65	56	57
	六月	59	62	63	56	57	67	60	67	56	59

附表 7 青岛纺织厂各部门最高及最低工资调查表①

1939 年 7 月

		纺织部	清花	弹花	棉条	粗纱	细纱	卷线	捻线	纫场	染场	试验	选棉	皮革	杂工	保全	调度
内外	最高		130	100	92	123	135	99	103	96	99	101	—	100	70	—	—
	最低		47	48	51	45	43	44	46	50	75	56	—	42	55	—	—
公大	最高		—	—	—	—	—	—	—	—	—	—	—	—	—	—	—
	最低		—	—	—	—	—	—	—	—	—	—	—	—	—	—	—
上海	最高		88	75	60	55	68	71	55	78	72	60	55	94	—	—	88
	最低		40	40	45	35	35	35	40	40	50	45	35	38	—	—	67
同兴	最高		68	66	76	72	83	74	71	84	97	—	54	73	—	—	—
	最低		33	38	39	34	31	39	40	33	39	—	31	30	—	—	—
富士	最高		60	60	81	72	—	—	—	96	85	61	45	72	84	86	
	最低		45	50	40	40	—	—	—	44	53	38	30	40	40	60	
丰田	最高		110	80	75	100	100	82	82	100	100	88	70	100	—	—	—
	最低		55	52	58	55	55	45	45	60	60	59	60	45	—	—	—
国光	最高		69	71	74	83	83	58	72	72	93	82	53	63	62	113	
	最低		45	50	50	31	31	35	40	37	45	75	38	40	40	63	
日清	最高		107	93	106	106	111	99	88	100	114	84	107	93	75	—	—
	最低		60	60	70	70	64	63	61	62	60	65	60	66	60	—	—
大康	最高		123	86	83	96	126	78	—	101	121	56	93	75	140	—	—
	最低		40	50	43	45	31	40	—	40	69	50	50	40	38	—	—

① 原表无计量单位。——译者注

续 表

		织布部	络筒	粗卷	整经	发酵	浆纱	经通	织造	叠布	检查	杂工	打包	保全 调度
内外	最高		47	45	44	—	62	51	79	56	—	47	—	—
	最低		42	31	30	—	44	46	33	44	—	36	—	—
公大	最高		—	—	—	—	—	—	—	—	—	—	—	—
	最低		—	—	—	—	—	—	—	—	—	—	—	—
上海	最高		—	71	74	—	—	70	85	65	85	50	80	—
	最低		—	35	40	—	—	35	35	35	65	40	55	—
同兴	最高		55	70	75	—	78	64	105	66	—	—	83	—
	最低		30	33	51	—	40	35	38	38	—	—	83	—
富士	最高		—	—	—	—	—	—	61	—	—	—	—	75
	最低		—	—	—	—	—	—	40	—	—	—	—	66
丰田	最高		—	85	80	—	100	80	112	93	—	—	120	—
	最低		—	52	50	—	55	52	50	55	—	—	90	—
国光	最高		64	67	75	—	66	66	80	70	52	38	—	—
	最低		27	27	40	—	50	49	52	40	45	27	—	—
日清	最高		80	93	88	—	88	82	92	103	80	71	82	—
	最低		63	61	64	—	64	65	62	65	64	63	66	—
大康	最高		—	78	65	—	83	65	87	81	56	118	65	—
	最低		—	40	51	—	50	38	40	50	50	50	60	—

续 表

		外部	原动	电气	铁工	木工	鉽力	瓦工	杂工	其他			
内外	最高		164	102	160	142	134	89	78	80			
	最低		34	47	46	42	47	50	48	45			
公大	最高		—	87	—	—	—	—	—	—			
	最低		—	40	—	—	—	—	—	—			
上海	最高		95	—	94	80	80	—	—	55			
	最低		40	—	40	60	45	—	—	40			
同兴	最高		94	—	95	105	—	—	—	—			
	最低		39	—	39	40	—	—	—	—			
富士	最高		75	—	82	90	83	—	—	47			
	最低		42	—	60	52	60	—	—	30			
丰田	最高		105	—	140	90	110	—	—	65			
	最低		47	—	60	45	50	—	—	50			
国光	最高		90	—	88	90	88	—	70	—			
	最低		55	—	38	36	36	—	40	—			
日清	最高		116	—	128	123	128	—	110	—			
	最低		90	—	92	91	93	—	62	—			
大康	最高		141	—	120	100	120	—	80	—			
	最低		43	—	40	50	40	—	45	—			

青岛纱厂各部门平均工资调查表

1939年7月

	纺织部	混打棉	梳棉	棉条	粗纺	精纺	卷线	捻线	纫场	染场	试验	选棉	皮革	杂工	保全	役付	纺织部平均
内外		569	539	579	650	593	557	571	628	632	723	416	614	461	750	760	596
公大		730	670	720	640	480			510	810	600	570	520	500	750	750	560
上海		580	520	450	450	460	490	500	600	620	540	420	580	510	760	760	540
同兴		470	440	560	490	560	590	530	600	750		410	380	420	680	680	520
富士		550	570	600	500	550			630	600	570	330	440	450	700	700	550
丰田		700	610	630	630	610	660	660	610	910	680	690	650	500	700	700	650
国光		570	610	650	610	610		480	570	720	780	410	480	450	750	750	590
日清		700	660	640	640	630	680	660	660	990	640	500	650	600	980	980	650
大康		660	680	640	550	560	580		510	840	530	530	580	500	790	750	590
平均		680	591	607	578	561	593	565	591	763	633	475	545	489	763	763	583

续 表

	织布部	络筒	粗卷	整经	发酵	浆纱	经通	织造	叠布	检查	杂工	打包	保全	调度	织布部平均
内外		422	449	368		465	404	451	441	470	474	470	750	760	443
公大		360	420	430	620	580	430	610	500			870	730	750	560
上海		450	450	520			400	580	400	480	450	650	700	750	520
同兴		350	550	720		560	480	600	530			830	680	680	570
富士								440					700	710	450
丰田		550	670	700		710	580	660	710			1060	680	700	650
国光		610	490	540		610	520	620	470		450		660	750	620
日清		620	630	640		710	620	650	620	620	600	690	740	880	630
大康		510	580	580		670	500	650	660	630	540	630	750	890	600
平均		484	530	562	620	615	492	584	541	550	503	743	710	762	560

续 表

	外部	原动	电气	铁工	木工	鉽力	瓦工	杂工	其他	外部平均	总平均
内外		813	765	861	875	764	684	616	674	758	589
公大		760	630	820	820					750	620
上海		680	600	650	700	650			450	620	560
同兴		640		690	740				700	680	570
富士		590		690	720	770		450	400	590	560
丰田		680	850	850	700	650	700	600	690	710	670
国光		730	620	630	620	630		450	550	610	600
日清		840		1 070	1 010	1 070		710		790	670
大康		920		800	750	800		630	630	770	630
平均		735	695	784	770	762	692	576	585	699	606

附表8　青岛纺织精纺工劳动效率调查表

工厂		内外				大康				丰田			
支数(纱粗细的单位)		一六〃	二〇〃	二三〃	三二〃	一六〃	二〇〃	二三〃	三二〃	一六〃	二〇〃	二三〃	三二〃
能接受的锤数	最高	320	480		630		404				440		
	最低	96	150		200		114				220		
	平均	240	360		420		259				393		
单号机器运转时间		11.5	〃		〃		〃				〃		
每锤产量(单号)		八五〃	六五〃		三〇〃		六〇〃				六〇〃		
每一小时内产量		739	565		261		522				522		
单号机器产量(匁)①	最高	27 200	31 200		18 900		24 240				26 400		
	最低	8 160	9 750		6 000		6 840				1 320		
	平均	20 400	23 400		12 600		15 540				23 580		
每人每小时产量(匁)	最高	2 365	2 730		1 643		2 108				2 296		
	最低	710	780		522		595				1 148		
	平均	1 774	2 080		1 096		1 351				2 050		

① 匁，为日本尺贯法的重量单位。1贯的千分之一，约合3.75克。——译者注

续　表

工　厂		国　光				上　海				富　士			
支数(纱粗细的单位)		一六″	二〇″	二三″	三二″	一六″	二〇″	二三″	三二″	一六″	二〇″	二三″	三二″
能接受的锤数	最高		420				420		630	384	410		
	最低		174				120		140	224	240		
	平均		300				315		420	270	290		
单号机器运转时间			″				″		″	″	″		
每锤产量(单号)			六五″			八〇″	七〇″		三五″		六〇″		
每一小时内产量			565			696	609		304		522		
单号机器产量(匁)	最高		27 300				29 400				2 460		
	最低		11 310				8 400				14 400		
	平均		19 500				22 050				17 400		
每人每小时产量(匁)	最高		2 374				2 557				2 139		
	最低		938				730				1 252		
	平均		1 696				1 917				1 513		

续 表

工厂		同兴					日清					公大			
支数(纱粗细的单位)		一六〃	二〇〃	二三〃	三二〃	四二〃	一六〃	二〇〃	二三〃	三二〃	四2/2〃	一六〃	二〇〃	二三〃	三二〃
能接受的锤数	最高		440		600		350	550	600				600		600
	最低		150		200		150	200	200				120		200
	平均		250		300		300	350	380		350		320		320
单号机器运转时间			〃		〃		〃	〃	〃		〃		〃		〃
每锤产量(单号)		七六〃	五八〃	五六〃	三六〃	四六〃	七五〃	五七〃	五〇〃	三三〃	二〇〃		七七〃		
每一小时内产量		661	504	487	313		652	496	435	287	174		670		
单号机器产量(匁)	最高		25 520		21 600		26 250	28 500	30 000				46 200		
	最低		8 700		7 200		×①	11 400	10 000				9 240		
	平均		14 500		10 800		23 500	19 950	19 000	|	7 000		24 640		
每人每小时产量(匁)	最高		2 219		1 878		2 283	2 478	2 609				4 017		
	最低		757		626		978	991	870				803		
	平均		1 261		939		1 957	1 735	1 652		609		2 143		

① 原档案此处印刷不清。——译者注

附表9　青岛纱厂劳动者年龄层调查

1939年7月1日

年龄层＼工厂／部门／性别		大康				上海				同兴			
		纺织		织布		纺织		织布		纺织		织布	
		男	女	男	女	男	女	男	女	男	女	男	女
实数	14岁以下	65	37	38	16					14	37	4	86
	15岁以上20岁以下	341	331	217	163	150	698	180	250	241	634	142	287
	21岁以上25岁以下	246	84	66	17	200	20	200	30	108	65	101	31
	26岁以上30岁以下	112	11	46	4	30		30		85	10	15	7
	31岁以上35岁以下	88	3	26		20	3	5	5	14	3	6	
	36岁以上40岁以下	38	1	6	1	10		5		21		2	
	41岁以上50岁以下	25	1	2	1	4		6		1			
	50岁以上												
	合计	915	468	401	202	414	721	426	285	484	749	270	411
百分比	14岁以下	7.1	7.9	9.5	7.9					2.9	4.9	1.5	
	15岁以上20岁以下	37.3	70.7	54.1	80.6	36.2	96.8	42.3	87.7	49.8	84.6	52.6	69.8
	21岁以上25岁以下	26.9	18.0	16.5	8.4	48.3	2.8	46.9	10.5	22.3	8.7	37.4	7.5
	26岁以上30岁以下	12.2	2.4	11.5	2.1	7.3		7.0		17.6	1.3	5.5	1.8
	31岁以上35岁以下	9.6	0.6	6.5		4.8	0.4	1.2	1.8	2.9	0.5	2.2	
	36岁以上40岁以下	4.2	0.2	1.5	0.5	2.4		1.2		4.3		0.8	
	41岁以上50岁以下	2.7	0.2	0.4	0.5	1.0		1.4		0.2			
	50岁以上												
	合计	100	100	100	100	100	100	100	100	100	100	100	100

续 表

年龄层 \ 部门 \ 工厂 / 性别		公大				国光				丰田			
		纺织		织布		纺织		织布		纺织		织布	
		男	女	男	女	男	女	男	女	男	女	男	女
实数	14 岁以下	1	56	10	14		11	4	15				
	15 岁以上 20 岁以下	62	392	403	144	125	251	145	139	39	655	9	384
	21 岁以上 25 岁以下	137	38	346	34	197	24	138	27	85	175	36	176
	26 岁以上 30 岁以下	136	13	161	15	152	9	63	18	120	21	46	15
	31 岁以上 35 岁以下	96	7	46	1	85		8		37	24	27	3
	36 岁以上 40 岁以下	60	2	38	4	26	1	2	5	27		13	
	41 岁以上 50 岁以下		22		16	1					14		
	50 岁以上			1									
	合计	514	508	1 021	213	585	296	360	204	322	875	131	578
百分比	14 岁以下	20.9	0.1	11.0	1.1	6.6		3.7	1.1	8.3			
	15 岁以上 20 岁以下	12.1	77.1	39.5	67.6	21.4	84.8	40.3	68.2	12.1	74.9	6.9	66.4
	21 岁以上 25 岁以下	26.7	7.5	33.5	16.0	33.7	8.1	38.3	13.2	26.4	20.0	27.5	
	26 岁以上 30 岁以下	26.6	2.6	15.8	7.1	26.0	3.0	17.5	8.8	37.3	2.4	35.1	2.6
	31 岁以上 35 岁以下	18.7	1.4	4.5	0.4	14.5		2.2		11.5	2.7	20.6	0.6
	36 岁以上 40 岁以下	11.7	0.4	3.7	1.9	4.4	0.4	0.6	2.5	8.4		9.9	
	41 岁以上 50 岁以下	4.1		1.5	0.4					4.3			
	50 岁以上												
	合计	100	100	100	100	100	100	100	100	100	100	100	100

续 表

年龄层		内外				富士				日清		合计		
工厂/部门/性别		纺织		织布		纺织		织布		纺织与织布				
		男	女	男	女	男	女	男	女	男	女	男	女	计
实数	14岁以下		12		18	5	24	3	9			144	335	479
	15岁以上20岁以下	54	765	93	345	111	310	29	38	263	556	2 604	6 342	8 946
	21岁以上25岁以下	145	124	20	1	124	49	47	7	337	28	2 533	930	3 463
	26岁以上30岁以下	113	9	4		91	7	4	2	164	5	1 372	146	1 518
	31岁以上35岁以下	79	2	1		62				72		672	51	723
	36岁以上40岁以下	41	60	1		29				52	2	370	17	387
	41岁以上50岁以下	12	1			13				25	4	140	8	148
	50岁以上									4		5		5
	合计	444	914	118	364	435	390	83	56	917	595	7 840	7 829	15 669
百分比	14岁以下		1.3		4.9	1.2	6.2	3.6	16.1			1.8	4.3	3.1
	15岁以上20岁以下	12.1	83.7	78.8	94.8	25.5	79.5	34.9	67.9	28.7	93.4	33.2	81.0	57.1
	21岁以上25岁以下	32.7	13.6	16.9	0.3	28.50①	12.6	56.6	12.5	36.8	4.7	32.3	11.9	22.1
	26岁以上30岁以下	25.5	1.0	3.4		20.8	1.7	4.9	3.5	17.9	0.9	17.5	1.9	9.7
	31岁以上35岁以下	17.8	0.2	0.9		14.3				7.9		8.6	0.6	4.6
	36岁以上40岁以下	9.2	0.1			6.7				5.7	0.3	4.7	0.2	2.5
	41岁以上50岁以下	2.7	0.1			3.0				2.7	0.7	1.8	0.1	0.8
	50岁以上									0.3		0.1		0.1
	合计	100	100	100	100	100	100	100	100	100	100	100	100	100

① 原文如此。——译者注

附表 10 各纱厂内劳动者配偶关系调查表

工厂		调查合计(七家工厂)			大康			日清			丰田		
有无配偶		有配偶者	无配偶者	合计	有配偶者	无配偶者	合计	有配偶者	无配偶者	合计	有配偶者	无配偶者	合计
实数	男工	3 836	4 264	8 100	782	640	1 422	311	605	916	178	534	712
	女工	1 277	4 499	5 776	203	473	676	78	571	649	281	1 199	1 480
	计	5 113	8 763	13 876	985	1 113	2 098	389	1 176	1 565	459	1 733	2 192
百分比	男工	47	53	100	55	45	100	34	66	100	25	75	100
	女工	22	78	100	30	70	100	12	88	100	19	81	100
	计	36	64	100	49	51	100	25	75	100	—	—	100

续表

工厂		国光			上海			富士			公大		
有无配偶		有配偶者	无配偶者	合计	有配偶者	无配偶者	合计	有配偶者	无配偶者	合计	有配偶者	无配偶者	合计
实数	男工	675	599	1 274	579	535	1 114	375	295	670	936	1 056	1 992
	女工	201	324	525	317	902	1 219	103	343	446	94	687	781
	计	876	923	1 799	896	1 437	2 333	478	638	1 116	1 030	1 743	2 773
百分比	男工	53	47	100	52	48	100	56	44	100	47	53	100
	女工	38	62	100	26	74	100	23	77	100	12	88	100
	计	48	52	100	39	61	100	44	56	100	36	64	100

附表 11　青岛纺织劳动者曾从业工种调查表

产业类别		农业从业者			工业从业者						商业从业者		
					纺织业			其他工业从业者					
性别		男	女	计	男	女	计	男	女	计	男	女	计
内外	人员	133	217	350	558	930	1 488	75	96	171	25	—	25
	%	14.0	15.0	14.6	58.7	64.1	62.0	7.9	6.6	7.1	2.6	—	1.0
公大	人员	482	279	761	1 128	310	1 438	145	185	330	152	—	152
	%	24.2	35.7	27.4	56.6	39.7	51.9	7.3	23.7	11.9	7.6	—	5.5
上海	人员	218	254	472	761	948	1 709	89	5	94	46	12	58
	%	19.6	20.8	20.2	68.3	77.8	73.3	8.0	0.4	4.0	4.1	1.0	2.5
大康	人员	461	—	461	863	406	1 269	90	—	90	2	—	2
	%	32.5	—	22.0	60.7	60.1	60.5	6.3	—	4.3	0.1	—	0.1
丰田	人员	201	281	482	443	821	1 264	7	—	7	3	8	11
	%	28.2	19.0	22.0	62.2	55.5	57.7	1.0	—	0.3	0.4	0.5	0.5
国光	人员	221	100	321	1 018	398	1 416	20	—	20	15	—	15
	%	17.3	19.1	17.9	79.9	75.8	78.7	1.6	—	1.1	1.2	—	0.8
富士	人员	110	142	252	404	304	708	—	—	—	61	—	61
	%	16.4	31.8	22.6	60.3	68.2	63.4	—	—	—	9.1	—	5.5
合计	人员	1 826	1 273	3 099	5 175	4 117	9 292	426	286	712	304	20	324
	%	22.5	19.5	21.0	63.6	62.5	63.2	5.3	4.3	4.8	3.7	0.3	2.2

续 表

产业类别		土木、建筑业从业者			铁道、船舶及其他相关产业从业者			渔业从业者			采矿业从业者		
性别		男	女	计	男	女	计	男	女	计	男	女	计
内外	人员	25	—	25	38	—	38	—	—	—	—	—	—
	%	2.6	—	1.0	4.0	—	1.6	—	—	—	—	—	—
公大	人员	11	—	11	2	—	2	26	—	26	1	—	1
	%	0.6	—	0.4	0.1	—	0.1	1.3	—	0.9	0.1	—	0.1
上海	人员	—	—	—	—	—	—	—	—	—	—	—	—
	%	—	—	—	—	—	—	—	—	—	—	—	—
大康	人员	6	—	6	—	—	—	—	—	—	—	—	—
	%	0.4	—	0.3	—	—	—	—	—	—	—	—	—
丰田	人员	2	—	2	—	—	—	19	—	19	—	—	—
	%	0.3	—	0.1	—	—	—	2.7	—	0.9	—	—	—
国光	人员	—	—	—	—	—	—	—	—	—	—	—	—
	%	—	—	—	—	—	—	—	—	—	—	—	—
富士	人员	53	—	53	2	—	2	40	—	40	—	—	—
	%	7.9	—	4.7	0.4	—	0.2	5.9	—	3.6	—	—	—
合计	人员	97	—	97	42	—	42	85	—	85	1	—	1
	%	1.2	—	0.7	0.5	—	0.3	1.0	—	0.6	0.01	—	—

续 表

产业类别		官吏军人及其他书记类从业者			其他			无业			合计		
性别		男	女	计	男	女	计	男	女	计	男	女	计
内外	人员	19	—	19	31	72	103	47	135	182	951	1 450	2 401
	%	2.0	—	0.8	3.3	5.0	4.3	4.9	9.3	7.6	100.0	100.0	100.0
公大	人员	32	—	32	13	7	20	—	—	—	1 992	781	2 773
	%	1.6	—	1.2	0.6	0.9	0.6	—	—	—	100.0	100.0	100.0
上海	人员	—	—	—	—	—	—	—	—	—	1 114	1 219	2 333
	%	—	—	—	—	—	—	—	—	—	100.0	100.0	100.0
大康	人员	—	—	—	—	—	—	—	270	270	1 422	676	2 098
	%	—	—	—	—	—	—	—	39.9	12.8	100.0	100.0	100.0
丰田	人员	—	—	—	15	39	54	22	331	353	712	1 480	2 192
	%	—	—	—	2.0	2.6	2.5	3.2	22.4	16.0	100.0	100.0	100.0
国光	—	—	—	—	—	—	—	—	27	27	1 274	525	1 799
	%	—	—	—	—	—	—	—	5.1	1.5	100.0	100.0	100.0
富士	人员	—	—	—	—	—	—	—	—	—	670	446	1 116
	%	—	—	—	—	—	—	—	—	—	100.0	100.0	100.0
合计	人员	51	—	51	59	118	177	69	763	832	8 135	6 577	14 712
	%	0.6	—	0.3	0.7	1.8	1.2	0.8	11.6	5.7	100.0	100.0	100.0

附表12 青岛纺织劳动者家族劳动关系调查

1939年7月

工厂名		内外					大康					上海				
家族劳动类别		单身	家族二人	家族三人	家族四人以上	计	单身	家族二人	家族三人	家族四人以上	计	单身	家族二人	家族三人	家族四人以上	计
家族数量		1 976	123	43	12	2 154	1 447	302	13	2	1 764	1 669	269	57	—	1 995
%		91.7	5.7	2.0	0.6	100.0	82.0	17.2	0.7	0.1	100.0	83.6	13.5	2.9	—	100.0
从业人员数	男工	806	85	45	15	951	829	554	31	8	1 422	920	134	60	—	1 114
	女工	1 170	161	84	35	1 450	618	50	8	—	676	699	404	116	—	1 219
	计	1 976	246	129	50	2 401	1 447	604	39	8	2 098	1 619	538	176	—	2 333
	%	82.3	10.2	5.4	2.1	100.0	69.0	28.8	1.9	0.3	100.0	69.4	23.1	7.5	—	100.0
工厂名		丰田					富士					合计				
家族劳动类别		单身	家族二人	家族三人	家族四人以上	计	单身	家族二人	家族三人	家族四人以上	计	单身	家族二人	家族三人	家族四人以上	计
家族数量		1 486	255	58	5	1 804	933	68	9	5	1 015	7 511	1 017	180	24	8 732
%		82.4	14.1	3.2	0.3	100.0	91.9	6.7	0.9	0.5	100.0	86.0	11.6	2.1	0.3	100.0
从业人员数	男工	488	167	51	6	712	571	73	18	8	670	3 614	1 013	205	37	4 869
	女工	998	343	123	16	1 480	362	63	9	12	446	3 847	1 021	340	63	5 271
	计	1 486	510	174	22	2 192	933	136	27	20	1 116	7 461	2 034	545	100	10 140
	%	67.8	23.3	7.9	1.0	100.0	83.6	12.2	2.4	1.8	100.0	73.6	20.0	5.4	1.0	100.0

附表 13　青岛纺织劳动者出身地调查表

性别＼出身地		青岛市	即墨县	胶县	平度县	高密县	莱阳县	安邱县	潍县	诸城县	昌邑县	日照县	益都县(青州)	江苏	济南	其他	合计
公大	男	960	297	44	—	76	—	67	—	—	53	—	—	—	—	290	1 787
	女	355	75	25	—	58	—	26	—	—	31	—	—	—	—	211	781
	合计	1 315	372	69	—	134	—	93	—	—	84	—	—	—	—	501	2 568
内外	男	171	209	117	55	40	27	32	—	38	14	13	—	—	—	85	801
	女	187	220	194	75	93	37	72	—	66	42	68	—	—	—	247	1 301
	合计	358	429	311	130	133	64	104	—	104	56	81	—	—	—	332	2 102
上海	男	950	45	—	10	8	50	5	—	—	12	—	3	—	—	5	1 088
	女	754	198	—	40	24	58	20	—	—	45	—	4	—	—	22	1 165
	合计	1 704	243	—	50	32	108	25	—	—	57	—	7	—	—	27	2 253
同兴	男	600	124	29	31	—	24	8	19	—	19	—	11	—	—	—	865
	女	750	235	60	39	—	26	15	27	—	25	—	16	—	—	—	1 193
	合计	1 350	359	89	70	—	50	23	46	—	44	—	27	—	—	—	2 058
丰田	男	134	227	—	85	75	83	12	—	—	—	—	20	—	16	24	676
	女	288	475	—	135	158	220	8	—	—	—	—	68	—	11	13	1 376
	合计	422	702	—	220	233	303	20	—	—	—	—	88	—	27	37	2 052

续 表

性别＼出身地		青岛市	即墨县	胶县	平度县	高密县	莱阳县	安邱县	潍县	诸城县	昌邑县	日照县	益都县(青州)	江苏	济南	其他	合计
大康	男	230	356	217	146	76	36	32	35	55	—	39	43	—	—	233	1 498
	女	65	89	73	52	33	28	18	15	14	—	12	20	—	—	80	499
	合计	295	445	290	198	109	64	50	50	69	—	51	63	—	—	313	1 997
国光	男	456	234	55	77	58	81	82	—	—	—	—	37	12	—	173	1 265
	女	250	134	17	14	8	11	20	—	—	—	—	17	9	—	45	525
	合计	706	368	72	91	66	92	102	—	—	—	—	54	21	—	218	1 790
日清	男	192	288	84	57	27	7	16	22	32	—	14	—	—	—	129	868
	女	105	169	112	49	42	12	13	8	35	—	26	—	—	—	96	667
	合计	297	457	196	106	69	19	29	30	67	—	40	—	—	—	225	1 535
富士	男	401	105	28	40	22	—	3	9	1	6	—	6	—	—	41	662
	女	217	70	28	34	12	—	4	4	6	7	—	2	—	—	8	392
	合计	618	175	56	74	34	—	7	13	7	13	—	8	—	—	49	1 054
合计	男	4 094	1 885	574	501	382	308	257	85	126	104	66	120	12	16	980	9 510
	女	2 971	1 665	509	438	428	392	196	54	121	150	106	127	9	11	722	7 899
	合计	7 065	3 550	1 083	939	810	700	453	139	247	254	172	247	21	27	1 702	17 409

附表 14 青岛纱厂内员工录用、离职、调动率调查表

1939 年 7 月

明细＼调查时间／工厂名		一个月		二个月		六个月				
		1939 年 6 月	1939 年 7 月	1939 年 5 月—6 月	1939 年 5 月—7 月	自 1938 年 11 月至 1939 年 4 月	自 1939 年 1 月至 1939 年 6 月	自 1939 年 1 月至 1939 年 7 月	自 1938 年 12 月至 1939 年 6 月	自 1939 年 1 月至 1939 年 6 月
		富士	丰田	内外	公大	同兴	大康	国光	日清	上海
出勤人员或在职人员	男工	555	742	877	1 310	708	859	1 151	941	666
	女工	258	1 549	1 227	425	992	478	457	717	1 278
	合计	813	2 291	2 104	1 735	1 700	1 337	1 608	1 658	1 944
录用人员	男工	242	126	268	916	1 069	2 624	627	568	1 530
	女工	221	272	478	635	2 008	721	418	728	1 987
	合计	463	398	746	1 551	3 077	3 345	1 045	1 296	3 517
离职人员	男工	135	69	189	104	729	1 333	518	467	1 321
	女工	87	91	290	126	969	608	288	462	1 580
	合计	222	160	479	230	1 698	1 941	806	929	2 901
录用率	男工	44%	17%	31%	70%	151%	305%	54%	60%	230%
	女工	86%	18%	39%	149%	202%	151%	91%	102%	155%
	合计	57%	17%	35%	89%	181%	250%	65%	78%	181%

续　表

调查时间 / 明细 / 工厂名		一个月		二个月		六个月				
		1939年6月	1939年7月	1939年5月—6月	1939年5月—7月	自1938年11月至1939年4月	自1939年1月至1939年6月	自1939年1月至1939年7月	自1938年12月至1939年6月	自1939年1月至1939年6月
		富士	丰田	内外	公大	同兴	大康	国光	日清	上海
离职率	男工	24%	9%	22%	8%	103%	165%	45%	50%	198%
	女工	34%	6%	24%	29%	98%	138%	63%	64%	124%
	合计	27%	7%	23%	13%	100%	145%	50%	56%	150%
调动率	男工	34%	13%	26%	39%	127%	230%	50%	55%	214%
	女工	59%	11%	31%	90%	150%	140%	77%	83%	140%
	合计	42%	12%	29%	51%	148%	199%	58%	67%	166%
调动速度	男工	56%	55%	71%	11%	68%	51%	83%	82%	86%
	女工	39%	33%	61%	20%	48%	84%	69%	63%	80%
	合计	48%	40%	64%	15%	55%	58%	77%	72%	83%
备注		月末在职人员	月末在职人员	平均出勤人员	平均出勤人员	每月末平均在职人员	每月末平均在职人员	每月末平均在职人员	每月末平均在职人员	平均出勤人员

附表 15　青岛纺织劳动者新旧从业员统计

1939 年 7 月

工厂名		丰田	大康	富士	上海	国光	日清	公大	内外	同兴	合计
新从业员	男工	266	726	277	614	637	542	864	488	650	5 064
	女工	658	390	213	730	233	444	471	603	700	4 442
	合计	924	1 116	490	1 344	870	986	1 335	1 091	1 350	9 506
旧从业员	男工	446	696	393	500	637	374	1 128	463	320	4 957
	女工	822	286	233	489	292	205	310	847	552	4 036
	合计	1 268	982	626	989	929	579	1 438	1 310	872	8 993
合计	男工	712	1 422	670	1 114	1 274	916	1 992	951	970	10 021
	女工	1 480	676	446	1 219	525	649	781	1 450	1 252	8 478
	合计	2 192	2 098	1 116	2 333	1 799	1 565	2 773	2 401	2 222	18 499

附表 16　新从业员中无经验者、有经验者构成统计情况

1939 年 7 月

工厂名		丰田	日清	内外	同兴	计
无经验者	男工	88	225	393	450	1 156
	女工	324	178	416	300	1 218
	合计	412	403	809	750	2 374
有经验者	男工	178	317	95	200	790
	女工	334	266	187	400	1 137
	合计	512	583	282	600	1 977
合计	男工	266	542	488	650	1 946
	女工	658	444	603	700	2 405
	合计	924	986	1 091	1 350	4 351

同左比例

工厂名		丰田	日清	内外	同兴	计
无经验者	男工	33	42	81	69	59
	女工	49	40	69	43	51
	合计	45	41	74	56	55
有经验者	男工	67	58	19	31	41
	女工	51	60	31	57	49
	合计	55	59	26	44	45
合计	男工	100	100	100	100	100
	女工	100	100	100	100	100
	合计	100	100	100	100	100

附表17　纺织工厂各部门日文名与中文名一览表

纺织部	中文名	清花	弹花	花捲	棉条	粗纱	细纱	摇纱	打包杆	捡花	皮棍
	日文名	混棉	打棉	梳棉	练条	初纺	精纺	仕上	ベンドル	撰棉	ロ｜ラ｜
织布部	中文名	纬纱	倒线	牵机	打浆	引杼	织布	叠布			
	日文名	原糸	缲返	整经	糊付	引通	织机	仕上			

在华日本纺织同业会青岛支部
例会记录及各种表报等
（大康纱厂）

贰

青岛厂长　发 | 1937年8月10日 | 仓田常务　收

当地日本官民正努力以平稳手段维持青岛地方的安全,同时经常与中国官方进行协商。目前陆军和海军陆战队尚未登陆,青岛市内的日本人普遍认为事态并不会继续恶化,市长的态度也略有转变,中国方面的对日恐惧心理稍有缓和。

藤井

★ ☆ ★ ☆ ★ ☆ ★ ☆ ★ ☆ ★ ☆ ★ ☆ ★

青岛藤井厂长　发 | 1937年8月10日上午11时

大日本纺织株式会社① | 仓田常务　阁下　收

与外山家长电报交流的结果显示,其每日均指示外山先生与其他避难者提前离开青岛,但是外山先生想在当地滞留至最后一刻,具体该如何处理,请仓田先生明示。

藤井

青岛工厂会计科 | 事务部门

家庭汇款之事

如您所知,一直以来家庭汇款的程序都是每半期一次,在获得大

---

① 大日本纺织株式会社,华名为“大康纱厂”。——译者注

藏省的委托支付许可之后，由本店进行汇款。至 4 月 20 日本次汇款周期就结束了，我们虽然提交了下一周期的委托支付申请，但是大藏省却要求我们改为支票汇款，对于我们的申请不予批准，眼下正与大藏省进行密切交涉。家庭汇款各自直接兑换之后再进行汇款。视能否取得大藏省的许可再就今后的处理方法进行讨论。

★ ☆ ★ ☆ ★ ☆ ★ ☆ ★ ☆ ★ ☆ ★ ☆ ★

青岛大康纱厂　发 | 1937 年 8 月 12 日 | 发往本科

工人已逐渐返厂，今晨纺织部门的出勤率达到 83%，棉布部门的出勤率达到 56%，目前正考虑将工作制度转为昼夜轮班制。招工部门门庭若市，四方街道的□□店也开始营业，一切迹象都表明青岛似乎已恢复和平了。

大康

★ ☆ ★ ☆ ★ ☆ ★ ☆ ★ ☆ ★ ☆ ★ ☆ ★

1937 年 8 月 12 日上午 8 时 | 发件人　仓田常务

外山先生滞留于贵处亦无妨。

仓田

★ ☆ ★ ☆ ★ ☆ ★ ☆ ★ ☆ ★ ☆ ★ ☆ ★

庶务科　发往 | 青岛大康纱厂 1937 年 8 月 12 日

原田丸已于昨夜平安抵达门司港。

庶务科

★ ☆ ★ ☆ ★ ☆ ★ ☆ ★ ☆ ★ ☆ ★ ☆ ★

青岛　大康纱厂　收 | 1937 年 8 月 12 日

贵电称青岛有和平迹象,此事虽佳。但万不可大意。

庶务科

1938 年 4 月 5 日 | 青岛大康纱厂　收

有关银行账款及复兴资金账款移管之事

为便于工作事务上的使用,特将本次原青岛账款中的银行账款及工厂临时支出(现金)作为复兴资金进行移管,具体工作手续如下:

一、于 3 月 25 日将青岛账款中的原银行账款过户到复兴资金。当前青岛工厂将上述过户金额作为复兴资金转入新的银行户头,并发放过户记账单。

二、原青岛工厂临时支出(现金)由山下助手乘便船于 10 日送来,以现金形式作为复兴资金过户并发放过户记账单。

三、上述过户工作结束后,在以支票交付款项或是向银行存款时,均以“活期存款”账户的形式进行处理。

四、于3月25日将下列存款账款以新的形式发放过户传票：

正金银行办事处账款：银元存款22 111；日元存款1 200 000

朝鲜银行工厂账款：银元存款9 026；日元存款59 506

朝鲜银行办事处账款：银元存款1 825；日元存款15 158 210

对上述账款进行过户的结果显示，今后工厂支出存款的青岛账户传票科目，3月26日之后由定期存款支付。因此，无需如以往那般过户到复兴资金临时支出金账户。

依据上述情况，银行存款账目直接继承自以前的青岛账款账簿即可，并请山下先生托运。

★ ☆ ★ ☆ ★ ☆ ★ ☆ ★ ☆ ★ ☆ ★ ☆ ★

青岛市四方武林路丨大日本纺织株式会社丨大康纱厂　发

青岛纺织同业会　收

本厂职工基本工资平均额

本厂职工基本工资平均额如下所示：人员9人，金额90.27日元

青岛工厂厂长阁下

贵工厂下属的井上正纯、松尾实两位于3月26日正式升格为社员，现送上如下文件及社员章。

入社证书 2 份

社员章领取证明 2 份

社员章(第 582 号,第 583 号)

★ ☆ ★ ☆ ★ ☆ ★ ☆ ★ ☆ ★ ☆ ★ ☆ ★

青岛工厂 | 林昇先生

关于购入固定资产所属物品之发票问题

如果购入的是机械类工具的话,请在发票中记入制造年月、制造公司、购入地点、性能(装备有马达的机械应注明马力、电压、电流、转速等数据)。如果要记录到阁下手头的固定资产账面时,请将必要的部分在整理清楚之后再详细记入。

★ ☆ ★ ☆ ★ ☆ ★ ☆ ★ ☆ ★ ☆ ★ ☆ ★

1938 年 4 月 16 日 | 原青岛工厂事务部　发

上海工厂事务主管　收

径启者:如昨日来电之委托,我方请求在贵工厂内工作的原青岛工厂业务员提交损失申报单,希望贵工厂可以在百忙之中按照以下原则处理相关工作。

烦请告知相关员工将损失申报单直接送交青岛工厂。

项目的区分方法和书写方法都有一定规范，请按规范书写。此外，如果相关人员各自提交申报单的话，会出现无法准时送达的情况，因此本店会对已填写的申报单在誊抄之后再进行汇总。

如有间接损失，请告知详细情况（例如因学生转学而产生的各种费用）。

如申报单上有涂改痕迹的话，恐怕会造成信用问题，请注意按规范书写，不要对他人工作造成困扰。

★ ☆ ★ ☆ ★ ☆ ★ ☆ ★ ☆ ★ ☆ ★ ☆ ★

青岛工厂各位：

有关请求传票记录样式的问题

以往请求传票的记录样式各工厂都不统一，在进行整理时颇感不便，而且极易产生误记的情况，所以需要立即统一以下格式（格式略）。

此外在进行经费转账工作时，本工厂的相关必要事项需要记录在“买付通知票”栏之外。

★ ☆ ★ ☆ ★ ☆ ★ ☆ ★ ☆ ★ ☆ ★ ☆ ★

1938年4月27日 | 青岛工厂 | 林昇　先生

秋田寅一津贴一事

有关秋田寅一转勤津贴一事,已委托贝塚工厂向其家人支付一半金额(60日元)。

内地支付工资一事

下列诸人工资额存在误差,烦请进行订正。

秋田寅一　月薪66日元

西井□藏　月薪44日元,加薪21日元,临时津贴3日元,合计68日元

上述津贴应当为7日元,我们已就此问题向郡山工厂作了反映。

西井的津贴为7日元,此人已经于1937年10月由候补助手升任为正式助手。于1937年12月末转属到郡山工厂时,人事科在任免证书上做了错误的记录,相关事实烦请了解。

给松尾加薪的电报已收到,为防万一,在与庶务科进行确认后得知加薪3日元,薪水总额为43日元,由西大垣工厂支付。

我方已收到贵处有关川野加薪额度的通知,将会在当地支付其薪资。

此后对于应当在内地支付的工资将会全部提供支付手续,特此通知。

在华日本纺织同业会青岛支部会议记录

送交委员长、大阪本部、上海、天津支部、青岛会员

第43次临时会议

本次会议于1940年2月28日(星期三)正午开始,在同业会事务所召开,以下诸位出席会议,会议商讨事项见附件,本次会议于下午4时30分散会。

出席者: 胜田、武田(大康),石川、中井(内外),石田(日清),桑原(丰田),御园(上海),泥谷(国光),增田、山崎(公大),今村(富士),三岛、调(同兴),柘植(裕丰),永渊(同业会)。

合计: 15人。

在华日本纺织同业会青岛支部
报告及协商事项

一、就原棉问题与兴亚院交涉的结果进行协商

二、有关棉花配给方法的问题

随着在内陆地区收购棉花量的增加,目前的观点认为已经可以满足各纺织公司对于棉花品质的要求,因此需要对现行的配给方法进行变更,有提议指出,应当让棉花商与纺织企业单独对接棉花配给,但是目前在与棉花商的协商中尚未形成一套成熟的配给方案,具体处理方法正在进一步研究中。

三、有关落棉及其他事项

(一)本年度四月以后的落棉合同由当地山田部队与我方签订。

(二)在满足上交部队落棉数量的基础上,对于不符合部队标准的落棉该如何处理之问题,目前正与当地山田部队协商。这批不合标准的棉花如果冠以"落棉"之名,恐怕会混入交付军队的棉花中,因此决定将其命名为"弹下",并出口至日本本土。

(三)山田部队要求各公司提交两套棉布尺码样本,相关样本请转交同业会。

在华日本纺织工厂调查用纸

1939 年 12 月末

项　目		记　录　栏
公司名	中文名	青岛大康纱厂
	日文名	大日本纺织株式会社青岛工厂
资本金		(本社总资本)11 300 万日元 (工厂资金)2 080 万日元
公司代表		(社长)小寺□□(办事处长)胜田操 (厂长)武田彰
动力	电力	(全发电能力)8 000 kW (当前发电量)1 700 kW
	蒸汽	
原棉消费量(1939 年)		74 050 担

续 表

项目		记录栏
商标	棉纱	童□,金货,富女
	棉布	花鸟
备考		

★ ☆ ★ ☆ ★ ☆ ★ ☆ ★ ☆ ★ ☆ ★ ☆ ★

在华日本纺织同业会青岛支部会议记录

时间：1940 年 3 月 13 日

地点：同业会事务所

送交委员长、大阪本部、上海及天津支部、青岛会员

第 47 次例会

本次例会于 1940 年 3 月 5 日(周二)正午于同业会事务所召开,以下诸位出席本次会议,会议事项见附件,本次例会于下午 4 时 50 分散会。

出席者：胜田(大康),石川(内外),石田(日清),三田、桑原(丰田),御园(上海),平井(国光),增田、久保渊(公大),今村(富士),三岛、调(同兴),柘植(裕丰),永渊(同业会),井上、吉田(棉花协会)。

合计：16 人

在华日本纺织同业会青岛支部
报告及商议事项

一、经上海返回东京的平冈理事汇报上海的情形

二、华北棉丝布商公会青岛支部第一部会员相关议题

3月1日,上述公会青岛支部第一部会员及纺织业同仁邀请大日本纺织的胜田及同业会的永渊,共同决定同意三友、山一加入本会,汤浅、增幸、吉泽、南、丰记等五家公司结为新的公会后一同加入本会。小岛公司因于去年年末才开始正式交易,所以第一部会员决定,在今后棉纺织业经营状况好转的情况下,在接受纺织业同仁的推荐及公会同意后方可接受小岛入会。

三、有关提高棉花内部定价问题的讨论

根据天津方面的报告显示,现在内部价格较低,购入棉花较为困难。有关提高价格的问题,当地的棉花同业会也向后藤委员长提案申请。目前,当地也存在收购棉花较为困难的情况,为解决这一状况,之后会与济南方面保持联络。

四、济南滨田部队高桥检察官为验收落棉情况及其他工作,今夜应会到达青岛

五、从北京返回青岛的井上先生就调查费及北京兴亚院对于相对交易的意向进行汇报

六、有关纺织计费问题

石川先生的报告指出,昨日会议决定的纺织计费金额大概是上年度的5倍。

在华日本纺织同业会青岛支部会议记录

送交委员长、大阪本部、上海、天津支部、青岛会员

第44次临时会议

本次会议于1940年3月7日(周四)上午10时在同业会事务所召开,以下诸位出席本次会议,会议事项见附件,本次会议于下午1时散会。

出席者: 胜田(大康),石川(内外),石田(日清),桑原(丰田),御园(上海),赤山(国光),桐原(公大),今村(富士),三岛、调(同兴),裕丰缺席,永渊(同业会),井上、吉田(棉花协会)。

合计: 13人。

在华日本纺织同业会青岛支部报告及协商事项

一、在北京成立棉丝布商公会本部

昨日北京兴亚院发往本地兴亚院的电报显示,为成立华北棉丝布商公会,青岛方面应于9日上午10时之前派遣代表前往北京兴亚院出席成立会议,本地兴亚院表示将会派出一到两名纺织业界代表出席。

经过筛选决定派遣内外棉纺织会社的石川和富士纺织会社的今村于今夜前往北京。

二、兴亚院申请棉花改良增产资金之事

兴亚院华北联络部次长于3月5日发来如下电报:

北连电 653 号,请天津及青岛在华纺织同业会尽快就从 1939 棉花年度经费中拨出 100 万日元用作棉花增产资金一事进行讨论,如有结果请尽快告知。此外,因为增产资金与棉花生产有关,如果可以在 3 月份提供相关资金便能发挥最大效用。天津支部也请求我方尽快就相关问题进行回答。

我方已经就上述问题电询大阪本部的意见,本部回复 6 日正与天津支部进行详细商讨。

★ ☆ ★ ☆ ★ ☆ ★ ☆ ★ ☆ ★ ☆ ★ ☆ ★

1940 年 4 月 20 日

在华日本纺织同业会 | 青岛支部会计

内外棉株式会社青岛支店 | 大康纱厂　收

现提交纺织同业会青岛支部 3 月份账目明细书,烦请查阅。

此外,3 月份的余额分配表也一同奉上,请通过同业会完成相关支付工作。

社　　名	比　　例	分配金额(日元)
大康	15.007	34 035
内外	11.440	25 946
日清	9.965	22 600
丰田	9.469	21 475
上海	11.309	25 648
国光	7.615	17 271

续　表

社　　名	比　　例	分配金额(日元)
公大	16.968	38 482
富士	8.306	18 838
同兴	9.921	22 501
合计	100	226 796

★ ☆ ★ ☆ ★ ☆ ★ ☆ ★ ☆ ★ ☆ ★ ☆ ★

1940 年 4 月 22 日

青岛日本商工会议所　发

大康纱厂　收

谨祝贵公司生意兴隆。

前者我方为整理青岛纺织工厂经营调查资料而请求贵方就下述问题进行答复，相关内容请绝对不要外泄，烦请尽力为我方工作提供协助。

青岛纺织工厂经营调查用纸

记入事项	1940 年 3 月末
公司名	大日本纺织株式会社
本社所在地	大阪市东区安土町二丁目三十号
资本金	11 300 万日元
实际投入资本	6 950 万日元
青岛工厂核定资本	20 800 641 日元

续 表

固定资产	“中国事变”前：11 076 973.5 日元。 “中国事变”后：8 773 182 日元
流动资金	2 248 020.35 日元

青岛工厂机械作业状况(社名：大日本纺织株式会社)

	“中国事变”前作业状况		“中国事变”后作业状况	
	1936 年末	1937 年 6 月末	1938 年末	1939 年末
工厂设备能力			调查中	
精纺纱锭		135 892(枚)		54 980(枚)
捻纱纱锭		14 156(枚)		14 136(枚)
织机		5 000(台)		1 192(台)
作业率		100%		50%
生产量				
棉纱		34 500 捆		6 700 捆
棉布		1 080 000 匹		430 000 匹
原棉消费量		313 250 担		65 275 担

	中日战争造成的损失	现在的恢复状况
总受损量	26 534 124 日元	
精纺机	135 892(枚)	54 980(枚)

续 表

	中日战争造成的损失	现在的恢复状况
捻丝机	14 136(枚)	4 956(枚)
织机	3 000(台)	1 192(台)
附属设备	发电机 5 000 千瓦	发电机 8 000 千瓦
修复费		8 898 422 日元
工厂劳动者	5 445 人	1 469 人
日本人	男 62　女 11	男 33　女 6
中国人	男 3 506　女 1 866	男 993　女 437

★ ☆ ★ ☆ ★ ☆ ★ ☆ ★ ☆ ★ ☆ ★ ☆ ★

6 月煤炭转账单价表

大阪

品　名	单　位	单　价
夕张特级粉煤	万斤	9 100
大夕张粉煤		9 200
明治粉煤		7 400
大辻粉煤		6 950
方城特级粉煤		7 200
下山田粉煤		7 600
中鹤粉煤		7 000

续 表

品 名	单 位	单 价
抚顺粉煤		7 600
池野粉煤		6 300
冲山粉煤		6 000
新冲山粉煤		6 000
东见初粉煤		6 000

★ ☆ ★ ☆ ★ ☆ ★ ☆ ★ ☆ ★ ☆ ★ ☆ ★

田中清

简 历

原籍：京都市下京区醒井大道五条下泉水町134号

现住地：朝鲜咸镜北道清津府水南洞1000号大日本纺织株式会社公寓

1883年2月28日生

学历

1903年3月21日毕业于岐阜县吉成郡船津町字鹿间鹿间普通小学

一、1910年1月9日加入尼崎纺织株式会社原动部。

二、1921年4月12日转入大日本纺织株式会社青岛工厂。

三、1939年1月12日转入上述公司无锡及江阴工厂。

四、1940 年 5 月转入该公司清津工厂。

月薪 105 日元,补贴 65 日元。

奖惩情况:无

★ ☆ ★ ☆ ★ ☆ ★ ☆ ★ ☆ ★ ☆ ★ ☆ ★

青商庶发第四六号

1940 年 6 月 3 日

青岛日本商工会议所

各位会员:

有关送交月报合订本封面一事

为报答各位长期以来的支持,特制作月报合订本封面送交各位,今后也将每月免费送上合订本及封面以供各位保存使用。

★ ☆ ★ ☆ ★ ☆ ★ ☆ ★ ☆ ★ ☆ ★ ☆ ★

第六二号

大日本纺织株式会社青岛工厂　收

1940 年度第 2 期赋课金

1 521 日元

上述金额请于1940年7月31日之前缴纳至青岛日本商工会议所会计科,直接交给青岛日本商工会议所赋课金征收员即可。

青岛日本商工会议所

会长　待岛又一

一、缴纳赋课金的时候应领取收据,篡改收据金额及没有盖章者视同无效。

二、为方便起见,可以提前缴纳2期、3期乃至1年份的赋课金,已征收的赋课金概不返还。

三、缴纳人迁移至本会议所以外地区时,应立即向本会议所说明相关情况,如果只是暂时外出旅行,可以请代理人缴纳赋课金。

★ ☆ ★ ☆ ★ ☆ ★ ☆ ★ ☆ ★ ☆ ★ ☆ ★

青商业发第153号

1940年8月9日

致各位会员

有关召开强化公会工作演讲大会的通知

当前国际形势着实堪忧,因此各种物资需要仰仗日本国内供给,本地工商业者需抛弃此前的自由经济理念,在崭新的经济体制下顺应日本国策开展经济活动。因此,我公会特邀请兴亚院友冈书记官和小林事务官就以下主题进行演讲,欢迎各位成员邀请各界人士参与旁听。

时间：1940 年 8 月 13 日(周二)下午 5 时

地点：兴亚俱乐部会堂

主题：有关本国的出口措施及组织公会问题　小林事务官

有关华北经济状况　友冈书记官

★ ☆ ★ ☆ ★ ☆ ★ ☆ ★ ☆ ★ ☆ ★ ☆ ★

青商庶发第 87 号

1940 年 8 月 9 日

青岛日本商工会议所

诸 位 会 员

前者申请开通的业务科电话(号码：2-8684)现已正式开通，欢迎今后来电垂询相关业务。

民团计费调整额一览表

国光	富士	丰田	同兴	日清	上海	内外	大康	公大	公司名
(−) 46	(+) 1 057	(−) 891	(+) 773	(−) 340	(+) 773	(−) 756	(−) 433	(−) 817	调整点数
(−) 6	(+) 155	(−) 131	(+) 114	(+) 50	(+) 114	(−) 111	(−) 63	(−) 120	调整金额
79	91	42	02	15	02	51	87	51	

在华日本纺织同业会青岛支部关于棉花运输、上市状况、生产状况等事宜会议记录

叁

在华日本纺织同业会青岛支部(1938年10月27日)

纺织用原料棉花问题

有关最近统一收购华北棉花和长江流域棉花的问题,此前已经与阁下有过多次商讨。一直以来,青岛棉纺织工厂所用的原料棉花主要以山东本地生产的为主,同时也使用河北、河南、陕西等地产的棉花。山东省的棉花市场在整个华北棉花市场中占据重要地位,特此呈报山东棉花生产状况,以供参考。

山东省棉花生产状况

在青岛的纺织工厂为推动山东省内棉花增产及防止使用美国产棉花,于1933年由青岛纺织工厂、棉花商及张店中日棉花商共同组织山东棉花改良协会。为推广种植美国棉种并指导棉花生产,协会与棉产地的棉花中介商联系,同时与市政府农林事务所合作,免费分发并奖励棉农使用朝鲜产的美国棉种。农林事务所还在高密、安丘等地设立棉花试验田,在上述地区免费分发并鼓励使用美国棉种。

直至1937年,上述工作从未间断。此后协会又通过临清当地日本商人及济南中国人组织的棉业公会等机构在当地免费分发美国棉种子,希望由此将种植范围扩大到鲁南等以往不产棉花的地区,为此,我们曾在诸城等地赠送种子。但是在这期间,中国的"排日"活动日渐炽烈,中国人极力排斥日本人主导的事业,日本人也不敢直接前往农村从事相关活动。但是在这数年间,我们以极大的毅力持续展开棉花改良与棉种推广工作,最终取得了相当不错的成绩,特别是高密等以往不产棉的地区,今年的棉花收获量也达到6万担。

我们之所以如此积极地推进棉产事业发展,目的主要有两点:第一,确定山东地区是否适合美国棉种的生产;第二,研究当地所产的棉花能在何种程度上作为纺织原料应用于生产,我们认为,当地产的棉花可以将来作为青岛日资纺织工厂的原料,而且随着产量的增加,未来可以取代日本本土所使用的美国产棉花。

在其他方面,以往中国人在收获棉花时手段极为粗放,因此棉花中往往掺杂各种混合物,因此我们致力于指导中国棉农在收获时避免在棉花中混入杂物,特别是水汽。从结果上看,近年来发往青岛的棉花质量有了显著改善。随着棉花收获手段的进一步完善,未来出口到日本的棉花数量也会逐渐增加。

去年在青岛的日本人集体撤回日本,在此期间日资纺织工厂遭到严重破坏,今年的原料棉花是否可以顺利供应也令人深感忧虑。如今,日本国内也正在逐渐将中国产棉花作为纺织原料,这自然会促进棉花增产。目前,我国中央政府正在研究各种对华北棉花进行统一管理的手段,天津、上海等与军需关系密切的地方也在逐渐设立收购统一管理的机关。如前所述,青岛的棉花供应问题已经成为现实问题,棉花从业人员对这一问题也曾作过深入思考,特别是从今年末至来年春,青岛当地的各家纺织工厂都会逐渐投入生产,在原料棉花的供应问题上,受时局影响,青岛、张店、济南等地的棉花业者都抱以漠不关心的态度。将来华北政府当局①在棉花问题上采取统一管理手段时,万望念及山东棉花协会一直以来为推动棉花增产所做的努力,山东棉花协会也愿意为推动国策的执行贡献自己的绵薄之力。

★ ☆ ★ ☆ ★ ☆ ★ ☆ ★ ☆ ★ ☆ ★ ☆ ★

① 指伪中华民国临时政府。——译者注

在华日本纺织同业会青岛支部会议记录

地点：青岛市馆陶路 62 号青岛交易所 3 楼 39 号室

送交：委员长、大阪本部、各支部、在华会员、在青岛纺织会社日本母社

第 17 次临时会议

本次会议于 1938 年 10 月 29 日（星期六）正午开始，在同业会事务所内召开，以下诸位列席本次会议，商讨内容如附件所示，本次会议于下午四时半散会。

列席者：藤井、古川（大康），石川（内外），内田（日清），森川（丰田），圆城寺（上纺），长野（公大），国光代表缺席，中西（富士），鸟羽（同兴），船津、平冈、永渊（同业会）。

合计：12 人

报告及协议事项

一、本日来青的船津总务对平津状况进行了报告（内容省略）。

二、大阪本部及天津支部在对中国棉花的统一管理问题进行协商之后指出，中国棉花的配给工作是目前在华纺织企业的重大问题，因为此事情况特殊，当地也有各种不同意见，应尽快整合当地棉花业及纺织业意见并呈报大阪本部。应在分析当地实际情况的基础上，形成在华纺织业的整体性意见，与此同时，应当向北京特务部详述青岛纺织业的特殊情况，各支部会员对此也表示一致赞同。如有必要，应当

在大阪本部召开各支部理事会议，具体的实行办法需要请船津总务尽快与委员长商议后决定。

★ ☆ ★ ☆ ★ ☆ ★ ☆ ★ ☆ ★ ☆ ★ ☆ ★

在华日本纺织同业会青岛支部

地点：青岛市馆陶路62号青岛交易所3楼39号室

送交：委员长、大阪本部、各支部、在华会员、在青岛纺织会社日本母社

第24次例会

本次会议于1938年11月1日（星期二）正午开始，在同业会事务所内召开，以下诸位列席本次会议，会议于下午4时半散会。

列席者：藤井、古川（大康），石川（内外），内田（日清），森川（丰田），圆城寺（上纺），长野（公大），平井（国光），中西（富士），鸟羽（同兴），永渊（同业会）。

合计：12人①

报告及协议事项

一、中国棉花统一管理问题

大使馆发往当地总领事馆的电报大体显示，目前虽然已经确定要

① 原文如此。——译者注

实行中国棉花出口许可制，但是具体该如何操作乃问题所在。中国粗棉中经常混入羊毛，姑且可作为军需品，细棉方面，日本本土的细棉缺口需要通过进口华北棉花来补充。对于棉花出口进行统一管理的机关设置于青岛与天津，政府将会与上述机关协力管理相关业务。与此同时，需要对统一管理机关的定价权以及青岛、天津两地纺织企业购入棉花的活动加以限制，这一工作是该交由日本政府负责，还是由"中华民国临时政府实业部"负责，目前尚无定论。此外，大阪本部报告显示，为了讨论华北棉花配给统一管理工作，在华纺织会社代表者出席了临时物资调整局的会议。有关配给问题目前已经取得很大进展，青岛支部目前正在等候船津总务与委员长商谈的结果，但是为避免错失良机，应当尽快整合青岛支部的意见并与本部进行会谈，因此决定派遣平冈理事尽快前往大阪本部（本应派遣会员同行，因条件不允许而作罢）。有关配给问题，总领事馆柳原书记生及棉花洋行方面（日棉小山、江商井口、伊藤忠芝田等人出席）进行会谈及共同协商，结果显示，棉花业界请求领事馆通过大使馆方面，拜托北京特务部暂时推迟配给决定，与此同时，将青岛支部的意见制作成决定意见书。

二、纺织机械装船问题

当地港口司令官的谈话表明，发往青岛的公务船可以装载从日本发出的货物，因此，正在前往大阪的平冈理事需要在日本摸清各会社的状况，然后再与陆军省商谈运输机械的问题。

三、废铁问题

鹿野丸完成装运之后，尚有废铁存量 2 100 余吨，这部分废铁都是钢材，如果不调用 3 500 或 3 600 吨级的船舶恐怕难以一次性全部装运。

★ ☆ ★ ☆ ★ ☆ ★ ☆ ★ ☆ ★ ☆ ★ ☆ ★

在华日本纺织同业会青岛支部会议记录

地点：青岛市馆陶路62号青岛交易所3楼39号室

送交：委员长、大阪本部、各支部、在华会员、在青岛纺织会社日本母社

第25次例会

本次会议于1938年11月8日（星期二）正午在同业会事务所内召开，以下诸位出席本次会议，会议讨论事项如附件所示，会议于下午3时半散会。

列席者： 藤井、古川（大康），石川（内外），石田（日清），丰田代表缺席，圆城寺、村上（上纺），长野（公大），平井（国光），中西（富士），鸟羽（同兴），永渊（同业会）。

合计： 11人。

报告及协议事项

一、有关华北棉花配给统一管理的问题

本支部制作的《有关中国棉花配给统一管理意见书》之前已经由平冈理事带到大阪本部加以商讨。对于该意见书，可以用附录形式将棉花同业会的意见收入其中，对于青岛方面的请愿书该如何制作，目前还在进行协议，目前暂且由平冈理事将《意见书》样稿交送本部，以用作说明。

二、海军特务部来电，海军军务局命令要求纺织业报告“对日物

资期待额度”(包括今年10月到12月三个月的数据,明年1月到3月三个月的数据以及明年4月至后年3月一年份的数据),纺织工厂直接从日本购入的机械类及其他复兴材料等物资的数量,与当地预计的数量大致相当,从当地商人处购买的材料不必包含在报告内,请尽快将报告提交我方。

三、11月14日与海军一同举行“慰灵祭”,同业会赠送花圈一副。

四、棉花同业会提出,最近军方货车的配给工作不太协调,由此导致棉花运输出现问题,需要就此状况提出请愿书,请求同业会联名提交,同业会对此表示赞同。

★ ☆ ★ ☆ ★ ☆ ★ ☆ ★ ☆ ★ ☆ ★ ☆ ★

在华日本纺织同业会青岛支部会议记录

地点:青岛市馆陶路62号青岛交易所3楼39号室

送交:委员长、大阪本部、各支部、在华会员、在青岛纺织会社日本母社

第26次例会

本次例会于1938年11月15日(星期二)正午在同业会事务所内召开,以下诸位列席了本次会议,商议事项如附件所示,本次会议于下午3时10分散会。

列席者:藤井(大康),石川(内外),石田(日清),田中(丰田),圆城寺(上纺),平井(国光),长野(公大),中西(富士),鸟羽(同兴),永渊(同业会)。

合计：10 人

报告及协议事项

一、《青岛新民报》申请捐款一事

青岛新民报社（中文报纸）尾池副社长表示，目前报社的运营倚仗军部等机构提供的补助金，这种补助金早晚会被废止。为将来考虑，该报社有必要转变为股份公司形式，以此充实报社及下辖的印刷工厂，并构建未来发展的基础。日本政府方面对于报社的这一想法表示支持，希望纺织会社方面可以提供捐款（每家公司出具 2 000 日元左右），此后报社方面可以为纺织会社提供股票。尾池社长在日本时也和平冈理事进行了会谈，并向他传达了相关工作的基本内容。他也委托了别人作为中介与在华纺织同业会本部进行会谈，与纺织会社之外的某一两家大会社也进行了协商并已获得对方谅解。对于纺织会社来说，拥有新民报社的股票即表示与该报社产生联系，对于纺织业将来的发展也是很有必要的，因此，新民方面也在积极游说同业会及各家纺织会社。

青岛支部答复：本支部难以对此事做出决定，会在与在华纺织同业会本部进行直接会谈后再做答复。

二、青岛日本青年团之申请

当时日本青年团曾无偿帮助乘坐诹访丸返回青岛人员搬运行李，本次青年团来信请求我方提供捐款以作为团体活动资金。

青岛支部的答复：同业会出具 100 日元作为捐款。

三、来年对纺织业的民议[1]进行改选之事

来年春天需要对民议进行改选,在对各纺织会社进行调查之后,得出现有232人有选举权,从这一数字看,纺织方面只能派遣极少数人参与民议选举。

四、棉花同业会的东棉代表岩宫先生带着铁路货运请愿书文案来访,支部对文案字句进行了部分订正,由棉花同业会及纺织同业会联名向军方请求加开每日30列货车。

★ ☆ ★ ☆ ★ ☆ ★ ☆ ★ ☆ ★ ☆ ★ ☆ ★

在华日本纺织同业会上海支部会议记录

地点:上海市日本人俱乐部

送交:委员长、本部、东京支部、全体会员

在华日本纺织同业会上海支部

第46次会议报告

本次会议于1938年11月15日(星期二)下午2时在日本人俱乐部召开,下午3时半散会。

列席者:钉丸(大康),江岛、河渊(同兴),伊藤(公大),植木、稻叶(内外),森本(日华),伊藤、冈本(上纺),福庭(东华),三好、须藤(丰田),金井(裕丰),堤(同业会),原口、埃文斯、汉塔(电力公司)。

① 原文如此,可能是居留民团的议会议员。——译者注

有关电压问题

针对上海电力公司的合同新条目中电压问题，时至今日我们已做各种交涉，我方已经再三阐明为何需要将电压上升至我方所需的水平，但是电力公司至今没有任何调整电压的意向。我们也曾向电力公司询问调整电压一事是否会给公司方面带来麻烦，并且询问当前电压到底是多少伏特，对于我方的问题，电力公司从来没有给出明确答复。我们曾拜托内外棉纺织会社的植木先生就各种技术性问题与电力公司进行了讨论，但是最终也没有得到令我方满意的回答。各公司的电力主任会议结果显示，各公司一致要求电力公司就电压问题进行合理的处置，如果不满足我方的这一要求，那么纺织业界与电力公司的新合同恐怕难以签订。为调和矛盾，我方特意与电力公司的原口先生及埃文斯、汉塔两位外国技师进行会谈。

在会谈期间，各公司提出了如下要求：

一、各公司接受电力点所需的电压(最高限额)

大康：6 300 伏

同兴第一工厂：350 伏

　　第二工厂：6 050 伏

公大第一工厂：6 450 伏

　　第二工厂：6 450 伏

　　第三工厂：6 450 伏

内外　第五工厂 11 月 17 日进行测试时显示电压需要降低 15 伏

日华：23 000 伏

上纺第一工厂：350 伏

第二、三工厂：22 000 伏

第四工厂：6 600 伏

第五工厂：23 000 伏

第六工厂：350 伏

东华：6 450 伏

丰田：23 000 伏

裕丰：6 500 伏

以上数据为各工厂接受电力点所能承受的最高限度电压，如果超过这一限度就会造成故障，以下各工厂的电压已经无法满足生产需求，因此请尽快采取对策：

上纺第一工厂：将 350 电压提升至 360 伏

第六工厂：将 350 电压提升至 360 伏

同兴第一工厂：将 350 电压提升至 360 伏

大康：将电压提升至 6 300 伏

其他工厂如果能大致维持目前电压的话，应该不会对生产工作造成困难，因此希望电力公司方面可以妥善处理我方诉求。

此外，今后电力公司如果需要对重要事项进行变更且未通知我方的话，我方将会对此采取零容忍态度。

二、有关电容器问题

随着电压调整工作的展开，部分公司可能会出现电容器故障或其他特殊情况，对此，我们在与电力公司进行协议的过程中，由于电力公司的社长并未对交涉人员下放权限，所以我方拒绝与电力公司达成协议。为解决相关问题，各公司一致向同业会提交期望解决方案并转交电力公司。

★ ☆ ★ ☆ ★ ☆ ★ ☆ ★ ☆ ★ ☆ ★ ☆ ★

在华日本纺织同业会青岛支部

（1938 年 11 月 19 日）

各位青岛支部会员：

有关同业会检量所过秤的废铁数量

从第一趟运输船“第三吉田丸”至第六趟运输船“关野丸”所运输的各会社运出废铁数量，在经过同业会检量所过秤之后，如下所示：

公司名	铸造物	钢　材	粗　铁	合　计
大康	3 958 吨 431 千克	683 吨 582 千克	463 吨 585 千克	5 105 吨 598 千克
内外	1 034 吨 499 千克	216 吨 824 千克	34 吨 250 千克	1 285 吨 533 千克
日清	1 131 吨 255 千克	184 吨 818 千克	46 吨 630 千克	1 362 吨 725 千克
丰田	633 吨 610 千克	324 吨 253 千克	51 吨 760 千克	989 吨 625 千克
上纺	879 吨 428 千克	372 吨 545 千克	81 吨 374 千克	1 335 吨 347 千克
公大	2 134 吨 261 千克	116 吨 940 千克	205 吨 277 千克	2 457 吨 478 千克
国光	719 吨 842 千克	80 吨 670 千克	18 吨 200 千克	818 吨 712 千克
富士	675 吨 668 千克	67 吨 552 千克	45 吨 277 千克	788 吨 497 千克

续 表

公司名	铸造物	钢 材	粗 铁	合 计
同兴	679 吨 718 千克	384 吨 770 千克	52 吨 440 千克	1 116 吨 928 千克
总合计	11 847 吨 712 千克	2 431 吨 954 千克	978 吨 793 千克	15 258 吨 459 千克

备考：① 钢材和“粗铁”难以区别，因此上述划分有推测的成分。

② 内外、日清、公大、富士的废铁已经搬运完毕，工厂内没有残余。

船舶公司在装载上述废铁时使用的是英制吨位，具体如下所示：

船 名	英制吨位	换算成公吨
第三吉田丸	5 300 吨	5 385 吨 139 千克
天山丸	3 900 吨	3 962 吨 650 千克
相洲丸	1 500 吨	1 524 吨 96 千克
山鸠丸	2 100 吨	2 133 吨 734 千克
甲子丸	2 820 吨	2 865 吨 300 千克
关野丸	680 吨	690 吨 924 千克
合计	16 300 吨	1 6561 吨 834 千克

如上表所示，各船舶装载量合计 16 561 吨 834 千克，检量所过秤数额为 15 258 吨 459 千克（此数量包括目前仍堆积在埠头的 60—70 吨），这恐怕是因为检量所的过秤数据比实际数据要少，各船舶的装载量比较接近实际吨数，由此可见，检量所的吨数再增加 9%左右才比较接近实际吨数。但是检量所在过秤期间对各会社都采取一视同仁的

态度，因此在记账上不会产生任何问题。

此外，现在各工厂残余的及埠头堆积的废铁合计 2 100 余吨。

★ ☆ ★ ☆ ★ ☆ ★ ☆ ★ ☆ ★ ☆ ★ ☆ ★

在华日本纺织同业会青岛支部

（1938 年 11 月 16 日）

在华日本纺织同业会青岛支部　发

大阪本部饭尾委员长　收

有关延长复兴材料免税期限一事

本部多次照会我支部有关延长复兴材料免税期一事，目前我方尚未获得正式许可，我方已经再三请求本地领事馆催促北京方面尽快发布命令。根据北京大使馆发往本地领事馆的内部消息显示，延长免税期一事即将获得许可，北京方面对这一问题已经有了内部决定。领事馆方面称，如果公开发表上述消息将会对未来的交涉行动造成障碍，因此在北京方面正式发表相关决定之前，不应向外界泄露消息，请本部也注意保守机密。

★ ☆ ★ ☆ ★ ☆ ★ ☆ ★ ☆ ★ ☆ ★ ☆ ★

关于青岛日商纱厂复兴事宜

1938 年 11 月 16 日

青岛日本人棉花同业会

在华日本纺织同业会青岛支部

青岛纺织业复兴之际的铁路货运请愿

山东地区与帝国权益关系重大，但是在青岛的 9 家日资纺织会社因为遭受到国民党军队的“暴行”而化为废墟。今年 1 月，我军占领青岛之后，我青岛纺织业界在得到军方当局的援助之下，锐意展开重建工作，今年 5 月，国光纺织会社收购了原华新纺织会社并开始营业，10 月 15 日，上海纺织会社开始营业，本月 18 日，日清纺织会社开始营业，本月 23 日同兴纺织会社和内外棉纺织会社相继营业，大日本纺织会社和丰田纺织会社将会在年内开始营业，富士纺织会社和公大纺织会社在来年春天也可以开始营业。但是各纺织会社战前在库的原棉均已焚毁，作为营业开始前的准备工作，需要储备可以满足工厂运行两个月的原棉。

但是因为内陆地区治安状况不佳，加之货运列车运行状况不协调，运往青岛地区的山东产原棉数量寥寥，如果这种情况持续下去的话，即便工厂设备完成重建，但是因为原棉不足，各纺织会社将无法展开纺织生产工作，如此状况着实令人寒心。

山东省内棉花的出货量及积压量

市场名	每日出货量(担)	积压量(担)	每日所需货车数(30吨列车)
济南	800	12 000	10
德县	1 000	45 000	23
周村	100	1 000	1
高密	100	500	1
合计	2 000	58 500	35

亦即35列货车才能彻底清理目前积压货物。至12月末,上纺、同兴、日清、内外、大日本、丰田、国光等7家纺织会社每日生产所需的原棉为3 100担(20车)。

除了上述工作之外,青岛发往日本本土、满洲、朝鲜和长江流域的货物数量也相当庞大。为推动棉花运输工作,请军方为山东省棉花产地至青岛的区间配备每日至少30列货车。

★ ☆ ★ ☆ ★ ☆ ★ ☆ ★ ☆ ★ ☆ ★ ☆ ★

在华日本纺织同业会青岛支部

(1938年11月21日)

各位青岛支部会员:

先前蒙各位认可,鄙人私宅(黄台路23号)的电话已经于本日完成架设,特此通知。

电话号码：5954

★ ☆ ★ ☆ ★ ☆ ★ ☆ ★ ☆ ★ ☆ ★ ☆ ★

在华日本纺织同业会青岛支部

地点：青岛市馆陶路62号青岛交易所3楼39号室

送交：委员长、大阪本部、各支部、在华会员、在青岛各纺织会社日本母社

第27次例会

本次会议于1938年11月24日(星期四)下午2时半在同业会事务所内召开，以下诸位列席本次会议，商讨内容如附件所示，会议于下午5时25分散会。

列席者： 藤井(大康)，石川(内外)，内田(日清)，三田(丰田)，圆城寺(上纺)，长野(公大)，平井(国光)，中西(富士)，鸟羽(同兴)，平冈、永渊(同业会)。

合计： 11人

报告事项

一、平冈理事出差报告

① 本月5日，我从富地出发并于同日到达大阪，6日，我在本部与委员长及仓田、佐佐木两位委员进行会谈，在会谈期间我陈述了青岛支部有关中国棉花配给统一管理问题的意见，并在征得本部的意见后

前往了东京。我于8日早到达东京并向海军省、大藏省、外务省及企划院进行了详细说明,希望他们可以采纳本部方案。

企划院等机构有意向在上周决定有关配给统一管理的问题,但是最终需要由商工省物资调整局会议来做最终决定,委员长应该也会出席这一会议,预计本周内可以得出最终结果。

② 在返青途中,我曾去过宇品港并就使用专用船舶运输发往青岛的纺织机械一事与宇品港口司令部进行了恳谈,司令热情表示愿意提供援助,但是由于设备数量过多,难以全部搬运至专用船舶上,所以应委托其他船舶公司处理此事。港口司令部会就此与参谋本部进行商议,我方也应抓住机会请司令部方面多美言几句,为此我已拜托本部的村山先生处理上述工作,估计今明两天之内就会得出结果。

二、有关复兴材料免税期限延长之事

有关这一问题,北京方面认为延长期限(6个月)过长,因此并未给予正式许可。有关免税工作需要内部决定,因此我认为最终还是会缩短免税期限,对于在复兴工作上速度迟缓的公大、富士纺织等会社需要尽快开始为他们准备输入原料,当地的总领事馆也会于明日尽快赶往北京商议相关事项。

☆ ☆ ★ ☆ ★ ☆ ★ ☆ ★ ☆ ★ ☆ ★ ☆ ★

在华日本纺织同业会青岛支部会议记录

地点:青岛市馆陶路62号青岛交易所3楼39号室

送交:委员长、大阪本部、各支部、在华会员、在青岛各纺织会社日本母社

第 28 次例会

本次会议于 1938 年 11 月 29 日(星期二)上午 10 时开始在同业会事务所内召开,以下诸位列席本次会议,会议协商项目如附件所示,下午 1 时半散会。

列席者: 藤井(大康),石川、中井(内外),内田、石田(日清),丰田代表缺席,圆城寺(上纺),长野(公大),平井(国光),中西(富士),鸟羽(同兴),平冈、永渊(同业会)。

合计: 12 人。

报告及协商事项

一、有关北京特务部营波书记官提出的由棉花商与纺织会社组织棉花统一管理联络委员会(暂名)一事,近期纺织会社方面将会与棉花商进行协商并尽快组织相关机构。

二、最近以来开始作业的工厂逐渐增加,因此需要确定一个合适的日期来征收统税,各会社负责交易的人员需要就此进行协议。

三、第四舰队的日比野长官刚刚到任,各会社代表应当于明日(30 日)上午 11 时集体拜会日比野长官。

四、复兴材料免税期限从今年 12 月开始再次延长 3 个月,相关决定已经于昨日正式发表。再度要求延长免税期恐怕会比较困难,各社需要尽快清理库存。

五、当下暂且提交过去海军特务部委托制作的《物资对日期待额度调查书》,但是从 1939 年 4 月开始到之后一年半这段时间内的调查书需要在谨慎整理的基础上进行提交。

★ ☆ ★ ☆ ★ ☆ ★ ☆ ★ ☆ ★ ☆ ★ ☆ ★

在华日本纺织同业会青岛支部

时间：1938 年 12 月 1 日

地点：青岛市馆陶路 62 号青岛交易所 3 楼 39 号室

送交：抄写送交各支部

在华日本纺织同业会　青岛支部　发

大阪本部　饭尾委员长阁下　收

有关华北棉花配给统一管理问题

北京特务部的菅波书记官于 11 月 26 日来青，因此当地特务机关召集棉花业和纺织业者分别于 28 日上午 9 时及下午 2 时在商工会议所内与菅波书记官进行恳谈，纺织业的出席人员如下所示：

北京特务部：菅波书记官、宫关

陆军特务机关：田口大尉，幡野嘱托

海军特务部：渡边少佐，大谷嘱托

总领事馆：倭岛领事

海关：加藤副税务司

会议所：田边会长

纺织：藤井、古川（大康），石川（内外），内田（日清），圆城寺（上纺），长野（公大），平井（国光），中西（富士），鸟羽、调（同兴），平冈、永渊(同业会)。

菅波书记官的说明要旨如下所示:

有关华北棉花的收购、出口、消费等工作统一管理问题,如果得不到诸位纺织业负责人的协助,在实施过程中必然会困难重重。今年华北棉花产量极不均衡,特别是日本、满洲、华北等地对棉花的需求量极高,尤其日本本土应当尽可能避免从外国进口棉花,但是由于产量问题,日本也难以从华北进口棉花。自 8 月以来,日本本土每月需要 20 万担军需特别免税棉花,在这种情况下,应该从公平消费的角度出发,对日本、满洲、长江流域等三地所产棉花进行限额配给并限制其消费,使其消费额无法超过配给额。配给额应该由企划院来决定,如果企划院所划定的配额没有明确标示青岛、天津等地数字的话,北京特务部将会根据两地正在运转的纱锭枚数来决定配给额。

华北棉花的出口许可规则将于本月 28 日发布,根据本规则显示,出口活动如果没有获得"实业部"总长的许可便无法成行,也就是说,在配给额决定之前,出口活动事实上是被禁止的。

最近我中央政府命令军方在当地收购华北棉花,因此军方在华北的石家庄、天津、济南等三地指派棉花商来进行收购活动。这批军队代理机关同时负责军需、民需棉花的收购工作,结果导致棉花落入军队代理机关手中,纺织业界只能按照军方指定的价格购买(军方内定的五种棉花价格中,最高者一担 55 日元,最便宜的一担也需要 44 日元)。但是在济南设立上述代理机关的工作延期,因此济南地区的棉花收购工作还是采取以往的老办法,交易活动也在良性运行。

简而言之,华北地区的所有棉花都要由上述的代理机关进行收购,至明年 3 月,军方需要收购细棉 50 万担,粗棉 10 万担,共计 60 万担棉花。在每月满足军方需求的棉花数量之后,才会将多余的棉花作为民需品配给给各个工厂。此种统一管理工作需要由团体,亦即纺织同业会负责,对此,同业会需要自今年9月开始至明年8月,每月向当地机关汇报如下情况:

一、9月以来每月购入量(各社、种类、约定品记入括弧中)及在库量。

二、本月原棉消费量(分华北棉花及其他类别)。有关华北棉花出口的统一管理问题,应当向当局进行咨询,或是与出口业者及当地纺织业者进行联络,由出口业者与当地纺织业者选出若干名委员组成"棉花统一管理联络委员会"(暂名),希望可以尽快组织相关委员会。

对于上述问题,青岛支部代表纺织业详细说明了《中国棉花配给统一管理制度相关意见书》的内容,青岛纺织业着重强调了其特殊情况,主要如下所示:

① 青岛纺织业尚有诸多企业未开始运转,其手上也没有原棉库存,因此希望军方及我中央政府可以对这种情况多加考虑。

② 棉花往往会因为混入水汽及杂物而影响其品质,由此导致棉价也会出现波动,因此我们希望军方可以制定一个大致的价格,然后由我方基于这一价格来具体决定价格。

③ 如果从"满洲国"这一高价市场收购的话,将会搅乱华北市场,因此对满洲的棉花出口应当以华北、满洲两处市场棉织品市价的差额为基准,按照比率进行调整,所产生的差额由出口到日本的市价进行填补,除此之外,也需要考虑其他的解决办法。

④ 针对在华日本纺织业的配给额不应有地域区别,应该将在华纺织业视为一个整体来进行配给,不同地区的具体配额应当由在华纺织业内部来决定比较合适。

⑤ 对于棉花改良增产问题,青岛方面已经付出大量努力。

菅波书记官已经大体了解纺织方面的主张,最后他指出,在企划院决定配给额之后,才会正式推行统一管理措施。

临时棉花出口许可规则

第一条　本规则中所称的出口指的是从“中华民国临时政府”管辖范围内将棉花出口到其他地区的行为。

第二条　棉花在征得“实业部”总长的许可之前不得出口。

第三条　能接受前两条规定者,按照以下形式出具出口许可申请书一式二份,并出具书面订货证明,一并提交至“实业部”总长处。

① 棉花种类(细棉或粗棉)

② 数量及价格(分不同种类进行记载)

③ 买方姓名或名称及事务所或营业所名称

④ 输送目的地

⑤ 输送目的港

⑥ 出口港

⑦ 出口时间

⑧ 为出口货物办理货款汇兑业务时,负责汇兑业务的银行名及汇兑金额

⑨ 出口过程中未产生汇兑行为时,需要说明理由

第四条　获得“实业部”总长许可者,在就上述第五至第七项内容进行变更时,需要再次向“实业部”总长提出申请。

第五条　获得“实业部”总长许可者,在出口棉花时需要向当地海关出具“实业部”总长提供的出口许可书。

第六条　获得“实业部”总长许可者，在执行出口业务时，需要在七日内向“实业部”总长提交以下信息：

① 获得出口许可棉花的种类、数量及许可的年月日

② 出口棉花的种类、不同种类的数量及价格

③ 出口港

④ 出口年月日

⑤ 办理出口货款汇兑业务时，负责汇兑业务的银行名、汇兑时间及汇兑金额。

第七条　出口时违反第二条规定或是在未取得许可情况下擅自出口者，处三年以下有期徒刑及一万日元以下罚款，如果非法出口货物的价格超过了一万日元，则罚金数额为商品价格的三倍以下。犯人所持有的出口货物将会被没收。

附　　则

本规则自公布之日起实施。

棉花运输呈请书

为呈请事窃　现拟在某地运输棉花至某地，理合遵照《棉花输出许可暂行条例》第○条之规定将应行声明各事项分别填写呈请　钧鉴伏乞。

俯赐核准实为德便谨呈

“实业部”总长

呈请人

中华民国二十七年① 月 日

附记事项

棉花种类

数量及价格

购置商姓名或商号及其住址

输送目的地

输送目的港

输出港

输出时间

办理输出货款汇兑时须载汇兑日期汇兑银行名及汇兑金额

不办理输出汇兑之理由

记载注意之处

棉花种类应说明细棉或粗棉之区别。

数量应注明若干担。

价额除与中国国币同价者外，应记载实际交易之外币价额并附记其单位。

细棉、粗棉同时输出时，其数量与价格应分别填注。

办理输出汇兑时应注明银行名称及其所在地并记载汇兑国币或外币之金额，依外币价格计算时，须附记其外汇行情之标准。

不办理输出汇兑时，除应说明其理由外，如系委托贩卖并应记载其收款方法及日期。

---

① 原文如此，即1938年。——译者注

棉花统一管理联络委员会(暂名)

一、目的

本委员会的目的在于为推动对华北棉花出口进行统一管理,以联络委员会的形式回复当局的问询,并促进棉花出口业者与当地纺织业者之间的联系。

二、组织

本委员会由若干名委员组成。

委员的选举标准如下所示:

① 棉花出口业者　名

② 当地棉纺织业者　名

三、业务

① 每月至少召开一次委员会,对棉花的供需情况(出货状况)、价格状况及出口统一管理状况等问题进行协商。

② 委员会的商议结果需要向特务部进行报告。

③ 其他可以实现委员会运营目的的必要业务。

四、事务所

主要事务所设置于青岛。

五、经费

委员会运营所需经费由棉花出口业者及当地纺织业者等各团体平均分担。

★ ☆ ★ ☆ ★ ☆ ★ ☆ ★ ☆ ★ ☆ ★ ☆ ★

在华日本纺织同业会青岛支部会议记录

地点：青岛市馆陶路62号青岛交易所3楼39号室

送交：委员长、大阪本部、各支部、在华会员、在青岛各纺织会社日本母社

第29次例会

本次会议于1938年12月6日(星期二)上午11时开始,在同业会事务所内召开,以下诸位列席本次会议,商讨内容如附件所示,会议于下午2时半散会。

列席者：纺织方：藤井、古川(大康),石川、中井(内外),内田、石田(日清),三田(丰田),圆城寺、御园(上纺),矢野(公大),平井、泥谷(国光),中西(富士),乌羽、调(同兴),平冈、永渊(同业会)。

棉花商：天宫、岩宫(东棉),小山(日棉),井口、伊藤(江商),雨宫(伊藤忠),河野(三菱)。

合计：24人。

报告及协议事项

一、棉花统一管理问题

(一) 有关山东棉花统一收购的问题

如果在济南设立类似于石家庄的军队代理棉花收购机关的话,着实不令人乐观,因此有必要直接向军队表明,这一机构不能接受军队指挥,而是应由从业人员管理。特别是这一问题并不涉及济南一地,

需要听取由作为各纺织会社和各洋行大本营的青岛的意见,并由青岛方面制作最为稳妥与理想的方案。前几天从济南返回青岛的东棉会社的田中先生对济南的氛围进行了说明,同时对在济南的华北方面军经理部的情况进行了介绍,田中认为青岛方面应当派遣洋行和纺织业代表赴济南与当地棉花商进行会谈,并真诚地向当地军方经理部人员陈述青岛方面的情况。

会上朗读了有关山东棉花收购问题的陈情书,并展示了山东棉花收购统一管理方案,方案显示目前有计划在青岛设立棉花出口配给统一管理机构,但是具体计划尚未成形。

在对上述问题进行协议之后,洋行方面认为军队的收购价格过低,纺织会社的收购价格无法补偿这种差价。对于陈情书及收购同一管理方案的问题,纺织和洋行方面均无异议,决定派遣洋行代表及纺织代表(上纺、国光、丰田、内外、同兴)于 7 日赴济南,并请求当地特务部门的负责人参会,与洋行及纺织代表进行恳谈。

(二)成立青岛棉花统一管理联络委员会

12 月 3 日制定了青岛棉花统一管理联络委员会规则,选举了棉花业的东棉、日棉、江商,纺织业的国光、上纺、同业会作为委员,委员长由平冈理事担任,副委员长由东棉的田中分店长担任。

(三)需要每月向特务部提交的棉花购入消费数量报告书如附件所示,上月的报告书应当在下个月 3 日前提交。

陈 情 书

青岛一直作为华北地区棉花业的中心地不断推动山东棉花的增产及棉花质量的改良工作。在 1933 年 10 月,青岛当地的在华棉纺织业支部及棉花商在协商的基础上，组织了山东棉花改良协会。自此以后，每年的棉花播种期，改良协会都会从朝鲜收购改良的米棉种，并将其无偿分发给米棉宜栽地的农民，以这种形式来努力推动棉种改良及棉花增产工作。时至今日，优良棉种的种植范围已经广泛分布于张店以北的黄河下游冲积平原带，这一事实也是广为人知的。

对于棉花进行统一管理的时机已经成熟，目前在军方的指导之下，当地已经成立了青岛棉花统一管理联络委员会，今后该机构也会充分发挥其职能，并协助国家推行国策。

第一案　收购统一管理机构

第二案　收购协会

第三案　统一管理会社

在对上述三案进行讨论之后，我们认为第一案不会对现行的交易状况造成剧烈变化，并且可以按照国策要求征用军需资源，第一案中的收购统一管理机构应当在军方的指导下成立，并力求在运营上协调顺利。

目前有说法称第二案中的收购协会将会设立在石家庄地区，我方认为与其设立在没有特别的收购设施及收购经验的石家庄地区，不如设立在具有固定收购设备及特殊交易关系的山东地区。第三案中提及的统一管理公司是一种理想化的状态，从现状来看，成立这种会社的时机尚未成熟，需要进一步优化方面，保证完美无缺，因此目前并不急于设立类似的会社。

因此，我们认为应当设立第一案中提及的统一管理机构，每月按照地域区别进行配给，通以收购军需、民需（济南纺织业、青岛纺织业、青岛港出口商）棉花，每日将机构检查的合格品按照公定价格进行收购，因为这要求各会社以自己的资金来进行收购，目前各会社在设备、人员配备及薪资等方面都有差异，在具体的实施过程中难免会出现困难，但是这种方案也可以进一步促进企业积极生产，在未来应当可以满足军方所希望的高产量、高质量、低收购价等目的。

1938 年 12 月

青岛棉花统一管理联络委员会

委员长

山东棉花收购统一管理案（暂名）

组织：组织统一管理机构，按地域区别进行配给，机构成员统一收购军需、民需棉花。军需棉花直接交付当地军队，民需棉花以济南纺织及青岛出口配给统一管理机构的名义进行铁路运输。

商业机构的设立要领：

一、名称：山东棉花收购统一管理机构

二、事务所：位于济南

三、目的：奖励棉花生产，协助棉种改良，推动棉花业的发展，根本目的在于对棉花收购进行统一管理。

四、地区：中华民国山东省一带

五、设立认可年月日

六、出资总数

七、支付资本总额　日元

八、出资金额　日元

九、出资支付方法　全额支付

十、理事　五名

十一、监事　二名

机构办事处：德州、张店、高密

机构设立委员：东洋棉花、日本棉花、江商、伊藤忠、三菱商事

★ ☆ ★ ☆ ★ ☆ ★ ☆ ★ ☆ ★ ☆ ★ ☆ ★

1938 年 12 月 7 日下午 4 时 30 分　收

天津支部发往青岛支部来电

电文内容

北京的棉花配额会议决定将于本月 14 日上午 10 时召开，请于 13 日前往当地进行商议。

★ ☆ ★ ☆ ★ ☆ ★ ☆ ★ ☆ ★ ☆ ★ ☆ ★

1938 年 12 月 7 日下午 4 时 30 分　收

天津支部发往青岛支部电报(部分内容为暗号)

电文内容

军方指导的棉花收购和统一管理机关，在各方面都存在过于不合理的情况，我支部向天津特务机关提议再度进行研究，因此军方决定对于这一问题进行彻底研究。12 月 7 日，在与棉花同业会代表进行协商之后，决定将军方指定价格和时价之间的差额转嫁到消费者身上。为调节日、“满”、华之间的配给问题，需要在天津设立协调机构，不知

青岛支部对此问题态度如何?

★ ☆ ★ ☆ ★ ☆ ★ ☆ ★ ☆ ★ ☆ ★ ☆ ★

在华日本纺织同业会青岛支部会议记录

时间:1938 年 12 月 7 日

地点:青岛市馆陶路 62 号青岛交易所 3 楼 39 号室

各位青岛支部会员:

请求贵厂就棉花购入量及消费数量申报之件

敬启者: 在 12 月 6 日的同业会上已经就标题的问题获得了阁下同意,因此请将贵厂每个月的棉花购入及消费数量以独立文件形式制作一式 5 份,每月 3 日提交至我处。

请尽快将运转中的工厂每月相关数据形成月度报告送至我处。

月度棉花购入消费数量表

购入数量:细棉

杂棉

合计

消费量:华北棉花:

其他棉花:

合计:

月末棉花在库量：

作业天数：

休业天数：

每日作业时间：

月末节点运转纱锭枚数：

平均运转纱锭枚数：

下个月末节点预计运转纱锭枚数：

1938 年　月　日

提交人：　纱厂

★ ☆ ★ ☆ ★ ☆ ★ ☆ ★ ☆ ★ ☆ ★ ☆ ★

在华日本纺织同业会青岛支部会议记录

地点：青岛市馆陶路 62 号青岛交易所 3 楼 39 号室

送交：委员长、大阪本部、各支部、在华会员、在青岛纺织会社日本母社

第 18 次临时会议

本次会议于 1938 年 12 月 8 日（星期六）正午开始，在同业会事务所内召开，以下诸位列席本次会议，议事内容如附件所示，会议于下午 3 时 50 分散会。

列席者：藤井、古川（大康），石川（内外），内田（日清），田中（丰田），圆城寺（上纺），长野（公大），平井（国光），中西（富士），鸟羽（同兴），平冈、永渊（同业会）。

合计：12 人。

报告及协议事项

一、棉花统一管理问题

（一）天津支部对于棉花统一管理一事发来电报，声称为展开日、“满”、华纺织业共同购入棉花及配给工作，应当在天津设立协调组织，因此需要就此问题询问青岛支部的意见。本支部在进行协商之后出现许多反对性意见，因此对天津支部的提议表示不赞成。

（二）天津支部来电显示，已经决定于 12 月 14 日上午 10 时在北京召开棉花配给会议，青岛支部决定由平冈理事参会，他将于 11 日从青岛出发经济南前往天津。经过协议，青岛支部对于棉花配给会议的基本方针如下所示：

① 天津支部来电显示，军方指定的价格与时价之间的差额应该转嫁到消费者身上，当地的棉花商对此也持相同意见。但是青岛支部对此做法难以认同，我支部坚持不管是军需品还是面向民间商品，在价格上应当一视同仁。

② 我支部主张在华纺织企业的配额不应体现地区性差异，应当对在华纺织企业进行统一配给。但是如果由军部划分各地区配给额的话，我支部姑且承认这种形式，但是在此形式下，应当由本部确定一下内部的配给额方较妥当（我们已经就这一想法以电报的形式向大阪本部进行了汇报）。

③ 上述意见将会在天津各支部理事会议上与其他理事进行商谈。

二、有关再次延长复兴材料免税期限一事

复兴材料的免税期限到明年 2 月截止，有关再次延长期限的问题，我们与目前正在青岛的门胁书记官进行短暂商谈，门胁书记官认为在纺织业完成40万枚之复兴目标前，当然可以继续免税，但是根据政府方针，也不难了解到，复兴所需原材料的进口当然会滞后，北京特务部菅波书记官对此也持同样意见，因此目前关于能否延长免税期的问题尚不明朗，而且现在正式请愿的项目是棉花统一管理的问题，延长免税期的问题还是待来年1月左右再提出正式申请比较合适。

★ ☆ ★ ☆ ★ ☆ ★ ☆ ★ ☆ ★ ☆ ★ ☆ ★

在华日本纺织同业会青岛支部会议记录

地点：青岛市馆陶路62号青岛交易所3楼39号室

送交：委员长、大阪本部、各支部、在华会员、在青岛纺织会社日本母社

第19次临时会议

本次会议于1938年12月10日（星期六）下午四时半在同业会事务所内召开，以下诸位列席本次会议，商议事项如附件所示，下午7时许散会。

列席者：藤井、古川（大康），间田、石川（内外），石田（日清），圆城寺（上纺），长野（公大），平井（国光），中西（富士），鸟羽（同兴），平冈、永渊（同业会）。

合计：12人。

报告及协议事项

在前往北京棉花配给会议的途中，顺道访青的上海支部堤理事就上海地区棉花问题及相关情况进行报告，青岛支部与堤理事就本次北京会议的相关问题交换意见，并在商谈之后就根本方针形成一致性意见。

★ ☆ ★ ☆ ★ ☆ ★ ☆ ★ ☆ ★ ☆ ★ ☆ ★

大康纱厂关于在华日本纺织企业负责制造军需棉制品的请愿

大阪委员长，堀内参事官

1938 年 12 月 16 日

在华日本纺织同业会　总务理事　船津辰一郎　发

杉山部队　军特务部长　喜多少将阁下　军经理部长　鹿野主计少将阁下

径启者：上月 14 日已通过华北棉花当地配给案，但是对于华北纺织业整体来说，原棉供给量不足的缺口实在过于庞大，因此需要将每年的作业量减少二成六左右，参考过去实际营业水平，今后的作业量应该会缩减至六成多。作业量的缩短将会对工人的月收入造成巨大影响，由此也会对“宣抚”工作造成极大妨碍，这一情况也会与当地“中日共存共荣”的根本主旨背道而驰，此外恐怕也会对其他的工商业部门及中日合作事业产生巨大负面影响。因此希望军方可以在条件允许的情况下,将制造一般军需特别免税品的任务交给在华日本纺织工厂负责,并且希望可以从不必出口至日本本土的军需棉花中分割一部分出来以便于纺织企业从事生产。

极秘

大康纱厂关于在北京、天津召开的有关华北棉花统一管理问题的会议情况

(1938年12月20日)

(内容来自堤理事的笔记式报告书)

一、将在华纺织业的棉花配给额减少10万担

减少后的配额为华北136万担,长江流域10万担,合计146万担。“满洲国”的棉花配额不足287 000担,因此需要以军需特别免税品10万担加以补充。

二、天津中国棉纺企业纱锭枚数

北洋:37 000个、鸿源:35 000个、达成:9 020个

合计:81 020个

三、华北棉花配额为146万担时各地分配情况(参考当局内部资料制作而成)

天津:420 546 spl　1 010 000 pol

(减少26%)315 410 spl　757 000 pol

青岛:219 645 spl

(减少26%)142 401 spl

济南:63 000 spl

（减少 26%）47 250 spl

内陆地区：152 992 spl

（减少 26%）114 744 spl

合计：826 408 spl

（减少 26%）619 800 spl

一年合计配额为 146 万担时，为减少生产而缩短 26% 的作业时间，如果减少 10 万担配额的话，每年作业时间可能减少 31%。1 月之后可能不得不将作业时间减少约五成。

四、为避免作业时间急剧减少，有必要利用军用原棉来生产产品

五、就上述问题向军方进行请愿之后，军方表示如果涉及社会层面问题，特别是与对华北工人的“宣抚”工作有关的话，可以围绕这些方面形成详细申请书，然后军方可以对相关申请进行考虑。

六、有关棉花收购机关

代理收购机关共有石家庄、济南、天津等三处。今后统一改名为棉花协会。

在各地设置联络委员会。该委员会作为与军经理部及特务部进行联络的机关。

今后仍旧设置专门负责纺织业务的委员会。

为了实现在华纺织企业的整体性运营，在天津设置共同购买配给委员会并作为同业会的一部分。

在青岛也设立上述组织并将其委员派遣至天津。长江流域只在形式上派遣委员。

针对这一问题，平冈先生作为青岛支部的代表持保留意见。天津方面表示青岛支部态度如此的话，其将会向本部进行申诉，然后由本部决定是否要求青岛支部参与上述组织。

七、有关华北各方面的配给比例

参会代表一致同意，以军方的内部数字为基础，就青岛、天津的比例向大阪本部进行提案，由本部决定具体数字的方式比较妥当。

因此，应该尽快在正月期间由青岛、天津等地理事及船津总务等人在日本进行会谈并决定相关议案。

有关这一议案，青岛方面可以暂时就具体数字进行研讨。

★ ☆ ★ ☆ ★ ☆ ★ ☆ ★ ☆ ★ ☆ ★ ☆ ★

企划院关于青岛日商纱厂棉花分配方案

1938 年 12 月 17 日

北京　平冈小太郎　发

青岛同业会诸位　收

敬启者：自从抵达当地以来，鄙人与军方会议、天津同业会及来北京访问的船津、堤二位进行了多次交流，因公务繁忙实在无暇写信，加之天气不良，航空邮件也无法发送，只能以电报形式汇报相关情况。

首先就会谈的要点及将来的方针进行简明汇报：

特务部表示日本国内的军需情况先另当别论，其对青岛的棉纺织业表示了同情之意。

在企划院的方案中，满洲地区的配给额为 561 000 担，华北地区为 1 058 000 担，长江流域为 228 000 担。特务部的方案如日前电报所示，华北地区为 146 万担，长江流域 10 万担，同业会以此为标准进行分配。

上述分配量是特务部以纱锭的实际数量为基础而分配的：

天津：420 546 枚（含华资纺织公司）

青岛：189 868 枚

济南：63 000 枚（工厂三家）

内陆地区：152 992 枚（工厂七家）

合计：826 416 枚①

上述数据可见，天津地区占到日资在华纺织业的 68%②左右，青岛地区 9 月末的纱锭数是 245 000 余枚，如今数字为当时的 77%。

关于配额问题，鄙人主张完全交由本部负责，天津支部则认为应当按照特务部所统计的纱锭枚数为依据进行分配，鄙人回应称应当在与青岛方面进行协议的基础上再做答复。

至于青岛方面该采取何种手段才能实现利益最大化，鄙人也有自己的想法。

华北棉花共同购入委员会想要采纳天津支部的方案，但是鄙人对此持反对意见，鄙人认为应当在进行协议的基础上再做答复。

济南代理机关如果在上级机构及内部机构方面与石家庄代理机关没有区别的话，那么石家庄现有的代理机关可能就会遭受诸种非难。

如果纺织业引进代理收购机关的话，那么各家纺织企业要需要做好出具相应资金和人员的准备。

需要构建与洋行方面进行彻底联络的基础，如果洋行的经营范围可以扩大至济南、张店等地的话，纺织业也就没必要加入代理机关。

如果在济南方面设立代理收购机关的话，特务部也必然会在石家庄、济南及其他地方设立多处代理收购机关，这也意味着特务部必然

---

① 原文如此，上述数据之和为 826 406。——译者注

② 原文如此。——译者注

会在中央地区（北京？）①设立统一管理各地代理机关的机构。

在军方明示上述方针之前，特别是应该在济南设立何种规模的代理机关尚不明确之前，鄙人认为没必要急于设立相关委员会。

或为本人愚见，鄙人认为天津正在利用地理位置优势并借助军队的威势，以此推动将青岛、济南等地置于其指挥之下的工作。

目前没有必要急于设立购入联络委员会，所以鄙人故意推迟了返青时间，请利用这段时间尽快研究相应对策。

天津对船津先生称本部对天津未免过于苛刻，所以天津支部人员可能会自发前往本部发动示威游行，这番言论使船津和堤两位极为震惊。如果船津先生赶在鄙人之前到达青岛的话，各位可以表现出极为愤慨的样子并发动中国式“示威游行”，以此来对本部形成威慑。

特务部的配给率必须获得日本中央政府认可，如果最后付诸实施的话也没必要为此惊慌，只要青岛支部表现沉稳，天津支部必然会日渐慌张并导致败招迭出。

如果天津支部要求鄙人赴津的话，鄙人可以用需要乘飞机直飞大连因此无法前往天津等借口加以拒绝。

鄙人将于明日（18 日）早晨从北京直飞大连，大概会在 21 日从大连出发返回青岛，返青时间可能稍有延后，万望见谅。

本信附上天津委员会框架案。

华北棉花共同购入委员会框架案

（1）本委员会由在华日资纺织会社推荐委员并组成。

① 原文如此。——译者注

（2）本委员会本部设于天津，可以在关键地区设置支部。

（3）本委员会按照当局配给的数额在华北地区购入棉花，并按照当局指示的配给比例，公正地执行配给业务。

（4）本委员会的经费由各纺织会社负担，其具体数额以原棉配给比例为标准进行计算。

（5）各纺织会社所需要的棉花需经过本委员会进行购入。

（6）本委员会的购入价格以军用收购价为标准。

（7）本委员会将会就原棉规格及其他相关问题与联络委员会进行紧密联络。

★ ☆ ★ ☆ ★ ☆ ★ ☆ ★ ☆ ★ ☆ ★ ☆ ★

1938 年 12 月 17 日上午九时半收
北京平冈理事发往青岛支部

如天津暗号电报所示，为促进在华纺织事务一体化，需要推动华北和长江流域纺织业务的协调运行。因此提议由天津支部立即决定各支部的人员配置，同时将协调联络委员会本部设置于天津，纺织部门也应加入代理收购机构。船津先生对此表示赞同，我也同意将人员配属工作完全交由本部负责，其余事务等我回到青岛并与其他同仁进行协商之后再进行回答。有关收购机关一事，特务部并没有任何建议，只有菅渡先生指出天津支部的管辖区域可能会南下延伸到德州一带。我和船津及各位理事于 15 日曾去过天津同业会，随后我于当夜从天津返回北京。有关协调联络联合委员会及纺织部门加入收购机关等事请详加研究。我将于 18 日经大连返回。

平冈

★ ☆ ★ ☆ ★ ☆ ★ ☆ ★ ☆ ★ ☆ ★ ☆ ★

在华日本纺织同业会青岛支部会议记录

地点：青岛市馆陶路62号青岛交易所3楼39号室

送交：委员长、大阪本部、各支部、在华会员、在青岛纺织会社日本母社

第30次例会

本次例会于1938年12月20日（星期二）上午10时在同业会事务所召开，以下诸位出席本次会议，讨论事项如附件所示，本次会议于下午1时散会。

列席者：藤井、古川（大康），石川（内外），石田（日清），三田（奉天），圆城寺（上纺），平井（国光），长野（公大），高田（富士），三岛、调（同兴），堤、永渊（同业会）。

合计：13人

报 告 事 项

一、参加完北京棉花会议并于今晨返回青岛的堤理事在会上汇报了北京会议的情况（内容省略）。

二、各工厂残存的废铁约2 100吨，在与港口司令部进行特别商

议之后，获得了使用埠头的许可。17日之前已经完成将废铁转运到埠头的工作，预计将于22、23日左右开始将废铁搬运到山下轮船会社的“御影丸”上。

★ ☆ ★ ☆ ★ ☆ ★ ☆ ★ ☆ ★ ☆ ★ ☆ ★

在华日本纺织同业会青岛支部会议记录

地点：青岛市馆陶路62号青岛交易所3楼39号室

送交：委员长、大阪本部、各支部、在华会员、在青岛纺织会社日本母社

第20次临时会议

本次会议于1938年12月21日（星期三）中午开始在同业会事务所召开，以下诸位列席本次会议，讨论事项如附件所示，会议于下午2时40分散会。

列席者：藤井、古川（大康），石川（内外），石田（日清），三田、田中（丰田），圆城寺（上纺），平井（国光），长野（公大），高田（富士），调（同兴），船津、永渊（同业会）。

合计：13人。

报告及协议事项

我方就由本部负责华北各地棉花的配额以及棉花统一管理机构等问题，对本日来青的船津总务理事阐述了相关意见。船津总务表

示，明年1月将会邀请天津及青岛理事前往本部举行会议，希望今年年内可以邀请两地代表在济南就相关问题交换意见。

★ ☆ ★ ☆ ★ ☆ ★ ☆ ★ ☆ ★ ☆ ★ ☆ ★

在华日本纺织同业会青岛支部会议记录

地点：青岛市馆陶路62号青岛交易所3楼39号室

送交：委员长、大阪本部、各支部、在华会员、在青岛纺织会社日本母社

第21次临时会议

本次会议于1938年12月22日（星期四）在同业会事务所召开，以下人士列席本次会议，讨论事项如附件所示，会议于下午3时半散会。

列席者：藤井、古川（大康），石川（内外），石田（日清），三田，田中（丰田），圆城寺（上纺），平井（国光），长野（公大），高田（富士），三岛、调（同兴），平冈、永渊（同业会）。

合计：14人

报告及协议事项

一、棉花统一管理问题

（一）本日返回青岛的平冈理事对北京会议的状况进行了报告（具体内容省略）。

（二）对上述统一管理机构的问题进行协议。

二、青年团申请捐款一事

青年团参与了首班返青船舶货物的搬运工作，因此需要向其捐款百元以示鼓励，这笔捐款用作购买团服。在与其他公司的捐款进行比较之后发现100元数量较少，因此将捐款额提升至500元。

三、就复兴材料免税证明手续的相关问题需要与领事馆、会议所、海关等部门进行复杂的交涉，因此需要各公司负责人对相关部门的关系人员进行招待。

★ ☆ ★ ☆ ★ ☆ ★ ☆ ★ ☆ ★ ☆ ★ ☆ ★

在华日本纺织同业会青岛支部会议记录

地点：青岛市馆陶路62号青岛交易所3楼39号室

送交：委员长、大阪本部、各支部、在华会员、在青岛纺织会社日本母社

第31次例会

1938年12月27日(周二)正午开始于同业会事务所内召开本次例会，出席人士如下所示，议事内容见附件，本次例会于下午5时50分散会。

列席者：藤井、古川(大康)，石川(内外)，石田(日清)，森川(丰田)，圆城寺(上纺)，长野(公大)，高田(富士)，调(同兴)，平冈、永渊(同业会)。

合计：11人

报告及协议事项

一、棉花统一管理机关机构相关事项

在对上述问题进行协商之后，在基于本部方案并参考上海华中棉花协会的基础上，委员们就如何组织山东棉花协会提出相关意见，认为以上述方案为基础并推动与当地棉花商进行协议较为稳妥。我方一致认为基于天津方案构建华北棉花共同购入委员会的框架方案目前实施起来为时尚早。

二、山东棉花改良事业

高密是离青岛最近的棉花产地，因此应当积极鼓励当地开展棉花栽培工作。有关此事，以前平冈理事已经在到北京出差的时候获得了特务部及大使馆方面对于本提案的认可，当时大使馆大原嘱托向平冈理事交付了《山东棉花改良暂行试案要领》，当地的政府机构也同意对上述改良事业进行援助。

三、对青岛纺织业今后的复兴问题进行协商

四、对报社广告费及送给政府部门的年终贺礼等事项进行协议

★ ☆ ★ ☆ ★ ☆ ★ ☆ ★ ☆ ★ ☆ ★ ☆ ★

在华日本纺织同业会青岛支部会议记录

时间：1939 年 1 月 6 日

地点：青岛市馆陶路 62 号青岛交易所 3 楼 39 号室

在华日本纺织同业会青岛支部　发

大阪本部饭尾委员长　收

各社运出废铁总吨数

敬启者：各社运出之废铁数量如12月31日我方发出之信件所示。埠头处有200余吨废铁残留，工厂的废铁已经运出完毕。经同业会对各班次船舶进行检查过秤之后，包括上述残留量在内各社运出的废铁累计总吨数如附件所示，特此报告。

各社运出废铁吨数表

社名	□　物	钢　材	粗　铁	合　计
大康	3 958 吨 431(千克，下同)	1 132 吨 417	463 吨 585	5 554 吨 433
内外	1 034 吨 499	216 吨 824	34 吨 230	1 285 吨 553
日清	1 131 吨 255	184 吨 818	46 吨 650	1 362 吨 723
丰田	633 吨 610	572 吨 041	43 吨 720	1 249 吨 371
上纺	879 吨 428	887 吨 204	81 吨 374	1 848 吨 006
公大	2 135 吨 261	122 吨 821	205 吨 277	2 463 吨 359
国光	719 吨 842	198 吨 126	20 吨 395	938 吨 363
富士	675 吨 668	67 吨 552	45 吨 277	788 吨 497
同兴	679 吨 718	1 034 吨 400	52 吨 440	1 766 吨 558
合计	11 847 吨 712 千克	4 416 吨 203 千克	992 吨 948 千克	17 256 吨 863 千克

★ ☆ ★ ☆ ★ ☆ ★ ☆ ★ ☆ ★ ☆ ★ ☆ ★

在华日本纺织同业会青岛支部关于细布价格、绢布配给统制纲要等事宜会议记录

肆

1940年3月14日
华北棉纱布商组合青岛支部
成立委员代表　高见重义　发
兴亚院青岛办事处处长　柴田弥一郎　收

华北棉纱布商联合会青岛支部成员备考

有关华北棉纱布商联合会青岛支部成员的遴选问题，目前7名成立委员（江商、伊藤忠、日本棉花、东洋棉花、又一、三菱、兼松等各会社代表）正在进行权衡，暂定人员构成如下所示：

理事：第一部原经销业者

江商株式会社青岛分店代表　高见重义

株式会社兼松商店青岛办事处代表　小津定次郎

东洋棉花株式会社青岛分店代表　田中彦三郎

又一株式会社青岛办事处代表　西泽定雄

日本棉花株式会社青岛分店代表　小山治彦

二、第一部进出口业者

伊藤忠株式会社青岛分店代表　柴田敬十

株式会社竹中商店青岛办事处代表　山内富三郎

监事

三菱商事株式会社青岛分店代表　小本五郎

从青岛支部分出进入本部的职员如下所示：

联合会副会长　坂上武史

理事　江商株式会社青岛分店代表　高见重义

理事　日本棉花株式会社青岛分店代表　小山治彦

青岛支部长及副支部长的选举结果如下所示：

支部长　坂上武史

副支部长　东洋棉花株式会社青岛分店代表　田中彦三郎

关于日本理事一名、华人理事三名、华人监事一名、华人副支部长一名的选任工作，需要在第一部的华人进出口业者及第二部的批发业者（日本人及华人）加入之后才可以进行筛选。

交换用棉纱布部青岛支部成员、指定商号、查定委员及支部成员

一、支部成员

江商株式会社青岛分店

东洋棉花株式会社青岛分店

日本棉花株式会社青岛分店

伊藤忠株式会社青岛分店

又一株式会社青岛办事处

二、指定商号

丸永商店青岛办事处

竹中商店青岛办事处

三菱商事株式会社青岛分店

岩田商事株式会社青岛办事处

福田商会

增幸洋行青岛分店

南真治商店

三、查定委员(青岛支部)

江商株式会社青岛分店店长　高见重义

东洋棉花株式会社青岛分店店长　田中彦三郎

四、支部成员

支部长　江商株式会社青岛分店店长　高见重义

副支部长　伊藤忠商事株式会社青岛分店店长　柴田敬十

常务理事　坂上武史

理事　日本棉花株式会社青岛分店店长　小山治彦

理事　又一株式会社青岛办事处主任　西泽定雄

监事　东洋棉花株式会社青岛分店店长　田中彦三郎

顾问委员　西泽定雄

★ ☆ ★ ☆ ★ ☆ ★ ☆ ★ ☆ ★ ☆ ★ ☆ ★

1940 年 3 月 30 日

在华日本纺织同业会青岛支部

各位会员:

现将《华北棉纱布商联合会规约》的修改内容整合为一份文件并随信奉上,烦请各位会员阅览参考。

华北棉纱布商联合会规约

第一章　总　　则

第一条　本联合会全称为华北棉纱布商联合会

第二条　本联合会致力于调节华北地区的棉纱布供需情况并维持合理价格，与此同时，合理运用华北棉纱布进出口许可规则。

第三条　本联合会的运行规则参考兴亚院华北联络部于1939年12月28日公布的《华北棉纱布统一管理纲要》。

第四条　本联合会由华北地区的下列中日棉纱布从业者组成：

第一部：① 棉纱布经销业者。

② 棉纱布进出口业者。

第二部：第一部之外的棉纱布从业人员。

第五条　本联合会本部设置于北京，在天津、青岛、济南等其他重要地区内设置支部，支部的相关规定见附件。

第二章　人员构成

第六条　本联合会设置如下职员：

会长1人

副会长2人

理事11人

理事从各支部中遴选。

会长及副会长由理事互选，此外，理事会决议也可选择非理事者担任会长或副会长。职员任期一般为一年，但是可连选连任。

第七条　会长代表本联合会并综合管理各项业务，同时也担任会议的议长。如会长遭遇事故，则由副会长代行职权，如副会长也遭遇事故，则由理事互选出代理人。理事辅佐会长审议及谋划与本联合会业务有关的重要事项。

第三章　参　　与

第八条　本联合会设置若干名“参与”。参与由在华北中日纺织业者从同行中推荐而来。

第九条　参与可以参加本联合会有关基准价格及贩卖数量的协议。

第四章　会　　议

第十条　理事会分为例会和临时会两种。例会每年一月召开，临时会在如下情况下召开：① 会长认为有必要时；② 支部长提出要求时。

第十一条　理事会需要附议的事项如下所示：

① 联合会规约及细则的制定和变更。

② 与本联合会事业有关的事项。

③ 决定基准价格及贩卖数量。

④ 事业报告书、财产目录、借贷对照表及决算报告书。

⑤ 其他重要事项。

第十二条　讨论第③条事务时，参与也需要出席。

第五章　会　　计

第十三条　本联合会以一年为一个业务年度，业务年度从每年4月1日开始，至次年3月31日结束。

第十四条　本联合会的经费按照支部规约的规定由各支部分担。

第十五条　本联合会在如下情况下需要解散：

① 理事会决议解散。

② 合并。

③ 收到解散命令。

第一项及第二项需要获得政府监管部门的认可。

第十六条　本联合会解散时需要将剩余资金返还给各位会员。

华北棉纱布商联合会青岛支部规约

目　　录

第一章　总则

第二章　入会及退会

第三章　违约处分条例

第四章　业务内容及执行规则

第五章　职员

第六章　参与

第七章　会议

第八章　会计

第一章　总　　则

第一条　华北棉纱布商联合会青岛支部(以下简称支部)按照本部的指示,对棉纱布的需求及供给进行调节并维持价格区间的合理运行,同时合理运用华北棉纱布进出口许可规则。

第二条　支部事务所设置于青岛市,在其他必要地区也可设置事务所。

第三条　支部会员由在青岛及胶济路沿线拥有店铺的中日棉纱布业者组成,对这批业者需要按照原经销业者、进出口商及批发商进行区分,区分编号如登录名簿所示。

第四条　支部由下列中日棉纱布业者组成:

第一部:① 棉纱布经销业者。

　　　　② 棉纱布进出口业者。

第二部:第一部之外的棉纱布从业人员。

第五条 （一）原经销业者指的是从纺织业者手中直接购买棉纱布然后贩卖批发商的棉纱布从业人员。

（二）进出口业者指的是根据华北棉纱布进出口许可规则，经营棉纱布进出口活动并贩卖给批发商的棉纱布从业人员

（三）批发商指的是经营批发业，并直接将棉纱布贩卖给零售商的棉纱布从业人员。

（四）棉纱布加工业者加入第二部，原则上其所使用的棉纱布只能从经销业者手中购入并贩卖给支部成员。

（五）经营加工业的纺织业者必须将其产品卖给支部成员。

（六）在生产过程中部分使用棉纱布作为原料的制造业者（如电线工厂等）可以作为第二部会员。

第六条 支部会员可以基于其他会员的需求，与其直接进行交易。

第二章 入会及退会

第七条 想要加入支部者必须向支部长提交申请书，内容包括商号名称、营业所位置及在华日本纺织同业会青岛支部或至少两名支部成员的介绍信。

第八条 收到上述申请之后，支部长可以在理事会过半数认可的情况下批准新会员入会。

第九条 支部会员在如下情况下可以退会：

（一）停业时。

（二）支部会员提出申请并获得理事会同意时。

（三）死亡或法人解散、破产及禁治产。

（四）除名。

按照上述各项理由退会的会员，在退会的同时也丧失了与支部资

产相关的一切权利。

第三章　违约处分条例

第十条　支部会员如果违反支部规约或支部决议并造成管理工作出现紊乱的话,需要接受如下处分:

(一)警告。

(二)除名。

第四章　业务内容及执行规则

第十一条　支部按照兴亚院华北联络部于1940年12月28日公布的《华北棉纱布统一管理纲要》展开业务运行工作。

第十二条　基准价格的具体数字在与参与协商后,随后由理事会进行决定。基准价格需要参考青岛交易所的市价、华北棉花价格、华北及长江流域的一般物价及日本本土和满洲的公定价格,同时应尽量维持在较低价位。

第十三条　第二部会员向零售商进行贩卖的价格及零售业者的贩卖价格应尽可能维持在合理区间。联合会认为价格不当时,支部长需要对相关业者发出警告,此外还可以将零售商从指定目录中剔除。

第十四条　(一)经销业者需要每周向支部报告购入及贩卖棉纱布的数量及价格的详细情况。

(二)支部会员需要向支部详细报告进出口棉纱布数量及价格。

(三)支部会员需要每月向支部报告通过青岛交易所贩卖的棉纱布数量及价格的详细情况。

(四)第二部会员需要每周向支部报告贩卖给零售业者的棉纱布数量及价格的详细情况。

第一、第二及第三条规定的事项在报告给支部之后,由支部向本部进行报告,最后再由本部向兴亚院进行报告。

第十五条　支部会员每月需要缴纳银元伍元以作为会费。

第十六条　支部为展开相关业务需要征收管理手续费。

第十七条　管理手续费的数额由理事会决议确定，相关业者按照如下标准出具：

（一）经销业者以纺织公司的收购额为标准。

（二）进出口业者以进口数量为标准。

上述金额由相关业者在向支部报告第十四条第一项及第二项内容时提交。

第五章　职　　员

第十八条　支部人员构成如下：

支部长 1 人（日本人）

副支部长 2 人（日本人 1 人，华人 1 人）

理事 11 人（日本人 8 人，华人 3 人）

监事 2 人（日本人 1 人，华人 1 人）

理事从第一部会员中选出经销业者 5 人、进出口业者 3 人并从第二部批发商中选出 3 人担任。

监事从第一部及第二部中各选出一名会员担任。

支部长及副支部长由理事互选产生，但是理事会也可推选非理事身份者担任支部长或副支部长。

从职员中选举本部理事。

职员任期一般为一年，但是可以连选连任。

第十九条　支部长代表支部综合管理支部业务及担任会议议长，在支部长遭遇事故的情况下，由副支部长代行职责，副支部长遭遇事故的情况下由理事互选出代理人。

理事需要辅佐支部长对有关支部业务的重要事项进行审议及

谋划。

监事对支部的财产及业务情况进行监察并向支部长进行报告。

第六章　参　　与

第二十条　支部设置“参与”一职。

参与由在华日本纺织同业会青岛支部推荐。

第七章　会　　议

第二十一条　会议分为总会及理事会两种。

第二十二条　总会分为例会及临时会两种。

例会在如下情况下召开：

（一）支部长认为有必要时。

（二）理事会要求召开时。

第二十三条　总会需要附议的事项如下所示：

（一）事业报告书、财产目录、借贷对照表及决算报告书。

（二）其他支部长认为有必要的事项。

第二十四条　至少需要在总会召开的五天之前将议事项目、会议时间及地点形成书面文件并通知各支部会员。

第二十五条　总会的议长需要制作议事录，其内容如下所示，议事录需要议长及两名以上出席人员签字盖章：

（一）开会的时间及地点。

（二）出席者姓名。

（三）议事内容梗概。

第二十六条　理事会由支部长组织召开。

理事会决议需要在获得参会理事过半数同意的基础上才能决定是否通过。

第二十七条　理事会需要附议的事项如下所示：

（一）总会需要附议的事项。

（二）与本部理事会进行联络的事项。

（三）与支部事业计划有关的事项。

（四）决定基准价格及贩卖数量。

（五）支部成员的入会及退会。

（六）处分违约情况。

（七）其他重要事项。

第二十八条　在决定上述第四项内容时，需要有若干名参与出席。

第八章　会　　计

第二十九条　支部以一年为一个事业年度，每个事业年度从每年4月1日开始，至次年3月31日结束。

第三十条　支部的经费由会费及管理手续费组成。

附　　则

棉纱碎屑及碎布（长度五码以下的棉布）不在本规约之内。

华北棉纱布统一管理纲要

（1939年12月28日　兴亚院华北联络部）

第一　目　　的

由华北的棉纱布业者组成华北棉纱布商联合会，以这一组织对棉纱布的供需进行调节并维持价格区间的合理运行，同时合理运用棉纱布进出口许可规则。

第二　要　　领

一、本联合会由华北地区如下中日棉纱布从业者组成：

1. 第一部：棉纱布经销商。

2. 第二部：批发商。

二、纺织业者（包括军管理工厂）可以将商品贩卖给作为本联合会的经销业者（第一部会员）。

三、棉纱布的进出口工作需要按照棉纱布进出口许可规则来办理，相关业者可以通过联合会向临时政府提交进出口申请。

四、想要在当地从事棉纱布贩卖业务者，必须要通过本联合会开展相关业务，否则不得从事销售工作。

五、在公共团体（包括当地政府）购买棉纱布制品时，联合会需要以特别价格对其进行直接供给。

六、本联合会会员可以通过联合会向纺织会社购入产品，相关棉纱布的价格及数量由当事人议决，本联合会需要对其进行批准并向兴亚院进行报告。上述价格需要参考华北棉花价格、华北及长江流域的一般物价及日本和满洲的公定价格，并尽量压低价格。

七、会员通过本联合会从事进出口业务时，其需要每周报告从当地纺织企业购入的棉纱布价格及数量。

八、如果兴亚院认为价格不合理时可以要求对其进行变更。

九、联合会会员需要对与其进行交易的零售商进行登记，并且不得与登记零售商之外的商人进行交易。

十、会员需要向联合会报告对零售商的贩卖数量及价格，贩卖价格应该尽量维持在合理区间。

十一、本联合会应该努力督促零售商将贩卖价格维持在合理区间。

十二、纺织业者可以作为本联合会的“参与”，在联合商议基准价格及贩卖数量时参与提议、讨论并进行决定。

十三、物资对策委员会对价格进行决定时，可以遵循上述第六、第七、第十、第十一项中议定的价格。

附　则

一、本联合会应该在力所能及的范围内将棉纱布经销业者、进出口业者及批发业者进行整合，但是在有华人业者没有加入本联合会的情况下，可以在联合会会员中选择指定商户，由华人业者与本联合会及指定商户签订合同，并基于合同内容对其展开配给工作。

二、除非确实与棉纱布贩卖工作有关，否则原则上不认可合伙交易。

三、本联合会本部设置于北京，在天津、青岛及其他重要地点设置支部。

华北棉纱布商联合会青岛支部会员名册（日本人）

第一部　经销业者：

伊藤忠商事株式会社青岛分店

岩田商事株式会社青岛办事处

株式会社服部商店青岛办事处

日本棉花株式会社青岛分店

株式会社丰岛商店青岛办事处

东洋棉花株式会社青岛分店

株式会社兼松商店青岛办事处

加藤物产株式会社青岛办事处

株式会社田附商店青岛办事处

株式会社竹中商店青岛办事处
副岛洋行
株式会社山一商店青岛办事处
又一株式会社青岛办事处
株式会社丸永商店青岛办事处
江商株式会社青岛分店
株式会社三友商店青岛办事处
三一会
三菱商事株式会社青岛分店

棉纱布进出口业者：
伊藤忠商事株式会社青岛分店
岩田商事株式会社青岛办事处
株式会社服部商店青岛办事处
日本棉花株式会社青岛分店
东洋棉花株式会社青岛分店
株式会社兼松商店青岛办事处
加藤物产株式会社青岛办事处
株式会社田附商店青岛办事处
株式会社田村驹商店青岛办事处
株式会社竹中商店青岛办事处
三井物产株式会社青岛分店
又一株式会社青岛办事处
增幸洋行青岛分店
株式会社丸永商店青岛办事处

福田商会

江商株式会社青岛办事处

株式会社三友商店青岛办事处

三菱商事株式会社青岛分店

南真治商店

第二部：

井上商事株式会社青岛分店

株式会社伊藤万商店青岛办事处

株式会社市田商店办事处

丰新洋行

东裕洋行

株式会社近松商店办事处

大桥洋行

株式会社川本新之助商店青岛办事处

吉田号青岛办事处

大丰洋行

株式会社田村驹商店青岛办事处

高田洋行

竹村棉业株式会社青岛办事处

牛岛洋行

株式会社八木商店办事处

株式会社丸红商店办事处

小岛商店青岛办事处

永顺洋行青岛分店

天野洋行
三和洋行
北川增平
前谷洋行
株式会社信友商店办事处
信正洋行
铃木洋行
三井物产株式会社青岛分店
祥泰洋行
日本橡胶株式会社青岛分店
达莱染厂
和顺染厂
大丰工厂
大裕胶厂
大和棉织厂
元聚染厂
国光纺织株式会社加工部
布里吉斯顿轮胎株式会社青岛分店
兴亚染厂
共和剃刀株式会社
鑫和橡胶株式会社
信丰染织股份有限公司
新兴织布厂
瑞丰染厂

★ ☆ ★ ☆ ★ ☆ ★ ☆ ★ ☆ ★ ☆ ★ ☆ ★

1940 年 5 月 13 日

在华日本纺织同业会青岛支部

(5 月 13 日上午 9 时华北棉纱布商联合会青岛支部所发通知)

各位会员:

华北棉纱布商联合会青岛支部决议案

1940 年 5 月 12 日下午对下列问题进行了决议

一、卖价绝不超过 5 月 7 日的市价。

二、在上述价格之下进行交易的话,市价也会逐渐降低,各会员应努力将市价降低到 4 月 24 日交换用棉纱布的官方价格之下。

三、5 月 7 日的市价如下所示:

16 支:1 560 日元

20 支:1 780 日元

32 支:18 750 日元

42 支:2 000 日元

细布:55 日元

★ ☆ ★ ☆ ★ ☆ ★ ☆ ★ ☆ ★ ☆ ★ ☆ ★

河北机□第一二二号

有关对棉纱布配给工作进行特别处理一事

1940年5月26日
河北省陆军特务机关长　塘真策　发
兴亚院华北联络部长官　收

我机关准备推动高阳县土布纺织工业的发展，因此特别嘱托东洋棉花株式会社开展棉纱等原料的运输工作，因为棉纱是特别管制商品，因此需要华北棉纱布商联合会青岛、天津两支部每月向高阳县运出如下数量的棉纱，烦请告知两单位就这一问题进行商议。

运出量：

天津每月400袋

青岛每月300袋

★　☆　★　☆　★　☆　★　☆　★　☆　★　☆　★　☆　★

北连经二第一〇一九号

1940年5月27日
兴亚院华北联络部次长　盐泽清宣
华北棉纱布商联合会会长　山东圆次郎

对于棉纱布价格暴涨的问题，希望联合会成员可以同心协力发挥效用。为了对既定合约进行整理并就棉布加工工作进行特别处理，特采取手段如下：

一、如果要对在实施紧急对策之前签订的合同进行解约，需要签约者在获得联合会的承认之后才可以展开相应工作，但是联合会希望解约工作的相关环节可以保持严肃公正，最终的解约结果需要向兴亚院进行报告。

二、关于加工棉布的问题，如果确有实际需求，可以先进行期货交易，对此，联合会方面需要对加工品的出货量和贩卖对象等信息进行严格监督。

★ ☆ ★ ☆ ★ ☆ ★ ☆ ★ ☆ ★ ☆ ★ ☆ ★

1940年6月2日

华北棉纱布商联合会天津支部　支部长　山东圆次郎　发

青岛支部长　坂上武史　收

有关与近见嘱托的会谈内容

现将6月1日与近见嘱托在我事务所内的会谈纪录抄送贵处。有关会谈中提到的基准价格问题，为了确保会员们的利益，在明确向纺织公司贩卖的价格的同时，还需要各位会员可以允许价格在基准价格0.5成上下浮动。

有关上述问题还需要得到阁下同意，此外，如有意见请来电协商。

1940年6月1日与近见嘱托进行会谈的内容

出席者

兴亚院：近见嘱托

兴亚院：小山嘱托

联合会成员15人

其余参与者

钟纺代表

裕丰代表

唐山华新代表

天津纺织会社代表

上海纺织会社代表

双喜纺织会社代表

一、山东支部长

报告了实施紧急对策后的经过，并向兴亚院讯问了今后方针。

二、近见嘱托

希望联合会会员可以协助工作，说明了今后工作中联合会的责任，并要求会员说明当前天津市场的走向，对此，横山、井上两位进行了各种说明。近见就当前租界内棉纱布市场价格飞涨的情况提出质问。

三、会谈要义

山东支部长表示，支部上下会员都认为，当前应当尽快设置基准价格，与此同时，还希望可以解除对如下三个项目的紧急管理对策。

① 有关基准价格问题

基准价格需要相较于市价降低0.5成，但是实际操作过程中存在种种困难，因此可以进行如下变更：

（A）基准价格应该为纺织业者贩卖给第一部会员的价格。

（B）会员之间的交易价格可以在上述价格的 0.5 成上下波动。

（C）基准价格每周都需要进行变更。

参与者就上述问题阐述了各种意见，最后都对山东支部长的意见表示了赞同。

② 如果限制当日的交易额超过前一天的数值，则有可能会造成市场萎缩，因此应中止相关举措。

③ 如确有必要，可以进行合伙交易。

对于上述内容，近见先生表示已经深刻了解了联合会方面的希望，最近就会做出相应决定，随后会议闭幕。

★ ☆ ★ ☆ ★ ☆ ★ ☆ ★ ☆ ★ ☆ ★ ☆ ★

第 5 次理事会决议录

华北棉纱布商联合会青岛支部

时间：1940 年 6 月 4 日上午 11 时

地点：青岛市山东路 70 号青岛支部会议室

出席者：

青岛交易所方面

理事　浅野浩利

联合会支部支部长　坂上武史

副支部长　田中彦三郎

副支部长　董希尧

理事　高见重义

理事　小津定次郎

理事　西泽定雄

理事　小山治彦（岩井利信代为出席）

理事　柴田敬十

理事　山内富三郎

理事　中泽周藏

理事　金文亭

理事　赵镜海

监事　小本五郎（河野□藏代为出席）

监事　王振亭

一、开会：支部长宣布开会并直接进入议事程序

二、议案：

① 要求从业人员强化交易过程中的自我管理

在对棉纱布的统一管理管理工作进行强化的同时，当局也会强化对于违法交易行为的取缔工作，希望业者体会当局的主旨精神，在交易过程中进一步强化自我管理。请向各支部成员传达这一精神并要求青岛交易所进行协调。

② 批准新成员加入第二部

新批准 2 名日本人和 18 名华人加入第二部。

三、散会：下午 1 时

对华北棉纱布商联合会青岛支部第 5 次理事会议的要旨及决议事项进行了如实记录，特此证明。

华北棉纱布商联合会青岛支部

第5次理事会

议长：坂上武史

★ ☆ ★ ☆ ★ ☆ ★ ☆ ★ ☆ ★ ☆ ★ ☆ ★

第5次常任委员会记录

华北棉纱布商联合会青岛支部

时间：1940年6月14日上午11时

地点：青岛市山东路70号青岛支部会议室

出席者：坂上、田中、高见、小津、西泽、岩井、柴田、山内、中泽。

议事程序

（一）6月11日，兴亚院和本部理事在北京举行恳谈会，会谈上，双方就单纯用于加工的特殊细布的期货交易及合伙交易达成谅解。除了在青岛交易所上市的细布，其余细布都被认定为单纯用于加工的特殊细布，本委员会对此意见一致。

（二）为了对民需棉布进行配给，请要求支部中的日本成员就过去三年内的进口情况进行书面报告。

（三）有关加入第二部资格的问题

同一店铺内的棉纱布部及其他商品部门都是独立关系，各自拥有独立的账簿，有鉴于此，可以将其接纳为第二部会员并加入联合会。

对于新获得营业许可证并进行棉纱布专营活动的商铺，可以在对其进行调查之后接纳其加入第二部。

某一店铺如果以经营棉纱布为主，以经营其他杂货为辅的话，可以视其交易额的高低来决定是否接纳其加入第二部,但是原则上应该严格把关。

★ ☆ ★ ☆ ★ ☆ ★ ☆ ★ ☆ ★ ☆ ★ ☆ ★

一二三一号

1940 年 6 月 20 日

兴亚院华北联络部　发

华北棉纱布商联合会　会长　山东圆次郎　收

棉纱布配给及销售措施

针对棉纱布价格暴涨的问题,此前已经实施了紧急对策,棉纱布商联合会也同心协力控制价格,目前天津、济南、青岛等地已经回落至目标价格,需要坚持以正确的方法维持正常的价格,具体来说,应采取如下举措:

一、如今应依据《棉纱布统一管理纲要》第六及第十二项的规定设立基准价格,上述价格应按照纲要由纺织方面贩卖给第一部部员。

① 根据统一管理纲要第六项的规定,以市价为基础并降价 0.5 成,所谓市价,指的是由第一部部员贩卖给第二部部员的价格。

② 会员之间的交易可以在上述价格的 0.5 成之内波动。

③ 基准价格每周末进行变动,但是绝不可超过目标价格。

二、如有需要,可以进行合伙交易。

除了上述内容之外,联合会也会综合运用一般对策及紧急对策,但是如果再次发生交易价格不正常的情况,当局会整体性采取紧急对策。

此外,兴亚院的近见先生对天津支部的质疑作了如下回答:

一、第二部员向零售商进行贩卖时不必遵守以上条规,但是希望可以将价格波动控制在基准价格的0.5成之内。

二、基准价格的变动需要交由联合会各支部决定,但是,如果基准价格超过了目标价格则需要获得兴亚院的承认。

(4月24日的目标价格如下)

16支:1 100日元

20支:1 250日元

32支:1 400日元

42支:1 650日元

细布:40日元

★ ☆ ★ ☆ ★ ☆ ★ ☆ ★ ☆ ★ ☆ ★ ☆ ★

北连经二第一二三一号

有关棉纱布配给及贩卖价格的相关措施

1940年6月20日

兴亚院华北联络部长官　森冈皋　发

华北棉纱布商联合会　理事长　山东圆次郎　收

为应对棉纱布价格暴涨,此前已经实施过紧急对策,棉纱布商联合会也曾同心协力抑制价格狂涨。近期青岛、济南、天津等地已经有望回落到目标价格,为保证交易工作尽快回归正轨并继续维持价格的合理运行，烦请贵单位采取如下举措：

一、基于华北棉纱布统一管理纲要第六项及第十二项的规定，纺织业者向第一部会员贩卖棉纱布基准价格需要按照如下要领进行决定。

① 基准价格需要按照《华北棉纱布统一管理纲要》第六项的规定来决定，目标价格必须作为最高价格，这一数字基本上需要以市场中的价格（第一部会员卖给第二部会员的价格）为基础，并略低0.5成。

② 会员之间的交易价格可以在上述价格的0.5成上下浮动。

③ 基准价格原则上需要在每周末进行变动，但是具体操作可以视情况而定。

二、在实物交易之外也可进行按月度预订交易。

除上述内容之外，目前正在实施的一般性及紧急性对策还需继续实施，联合会方面也需要继续强化管理，使相关交易活动符合棉纱布统一管理的根本方针。

今后如果再次发生价格飞涨之类的情况，当局会全面制定紧急对策。

有关设定基准价格并解除紧急对策一事

（一）鉴于市场价格已经归于稳定，特此废除6月18日设定的最高价格，依据联合会规约第13条规定，本周的基准价格如下所示：

17支：一捆（内含四十团）950日元

20支：一捆（内含四十团）1 050日元

32支：一捆（内含四十团）1 200日元

42支：一捆（内含四十团）1 400日元

棉布一反(反,长度单位,一反约宽34厘米,长10米)37日元

以上价格不含税。

一、基准价格指的是纺织方面贩卖给第一部会员的最高价格。

二、会员之间(第一部会员向第二部会员进行贩卖)的交易可以在上述价格的0.5成上下进行波动。

三、第二部会员向指定零售商进行贩卖的价格应当基于上述价格尽量降低。

四、基准价格每周末进行变更,并于次日的报纸上公布。

(二)对紧急对策中的如下内容作出解除

一、在实物交易之外也可进行按月度预订交易。

二、可以基于实际需求开展合作交易。

但是如果市价再度发生暴涨,当局将会全面采取紧急对策。

1940年6月25日

华北棉纱布商联合会天津支部

★ ☆ ★ ☆ ★ ☆ ★ ☆ ★ ☆ ★ ☆ ★ ☆ ★

一五青组支员第五十五号

1940年6月27日

华北棉纱布商联合会青岛支部

各位支部会员:

送交与棉纱布配给及贩卖价格举措有关的各种文件

6月20日兴亚院华北联络部长官就标题的相关工作下达指令,请

各位会员提交上述文件。

有关本项工作该如何展开,请参考6月25日本支部第6次理事会的决议,当前相关代表正在北京向当局进行请愿。

★ ☆ ★ ☆ ★ ☆ ★ ☆ ★ ☆ ★ ☆ ★ ☆ ★

第7次理事会决议录

华北棉纱布商联合会青岛支部

时间:1940年7月1日(星期一)下午1时

地点:青岛市山东路70号青岛支部会议室

出席者:

青岛交易所方面

理事:浅野浩利

青岛纺织公司方面

在华日本纺织同业会青岛支部　理事:平冈小太郎

丰田纺织公司:桑原

同兴纺织公司:调

富士纺织公司:今村

日本纺织公司:奥川

内外棉纺织公司:山本

上海纺织公司:御园

钟纺织公司:久保渊

日清纺织公司:石田

支部长：坂上武史

副支部长：田中彦三郎

一、开会：支部长宣布开会并直接进入议事程序

二、议案：有关当局对于基准价格进行谅解的相关问题

6月28日，当局与联合会支部及纺织方面代表就基准价格问题达成谅解，对于基准价格需要进行全面认可，所有联合会支部成员都需要与纺织及交易所方面协商并强化自我管理，严防市场价格上涨，同心协力根除不正当的交易行为。

三、散会：下午2时30分

对华北棉纱布商联合会青岛支部第7次理事会议的要旨及决议事项进行了如实记录，特此证明。

华北棉纱布商联合会青岛支部

第7次理事会

议长：坂上武史

（二）交易所应该协助维持正常价格。①

交易所价格应当符合第二部对于零售商划定的价格。（下文文字模糊）

联合会支部的期望

当局对青岛方面抱有极大期望，青岛的纺织业、交易所及联合会支部会员应该合力强化统一管理，在了解官方主旨思想的前提下，努

① 此部分为《第7次理事会决议录》附件。——译者注

力达成其目的并创造实际成果。因此，各位成员需要加强自我管理，将价格维持在正常区间并保证配给工作的协调运行，如果发生价格上涨或是采取不正当手段进行交易等现象，支部方面就可能承担重大责任，届时当局可能会采取更加严格的管理措施。

★ ☆ ★ ☆ ★ ☆ ★ ☆ ★ ☆ ★ ☆ ★ ☆ ★

第 8 次理事会决议录[1]

……[2]需要在青岛设立华北棉纱布商联合会绢人绢丝布青岛支部及交换用人绢丝布青岛支部，由上述机构担任统一管理工作，对此，出席会员均表示没有异议，因此通过相关决议并转达各支部会员。

（二）认可新会员加入第二部

认可 12 名华人加入第二部。

三、散会：下午 5 时

对华北棉纱布商联合会青岛支部第 8 次理事会议的要旨及决议事项进行了如实记录，特此证明。

华北棉纱布商联合会青岛支部

第 8 次理事会

议长：坂上武史

① 标题系译者根据档案内容所拟。——译者注

② 前文字迹模糊。——译者注

北连经二第一二〇九号

有关对棉纱布配给工作进行特别处理的请求

1940年6月17日
兴亚院华北联络部次长　盐泽清宣　发
华北棉纱布商联合会　理事长　山东圆次郎　收

河北省陆军特务机关长塘真策就标题一事提出申请,请贵单位就相关问题进行安排处理。

随信奉上:

对棉纱布配给工作进行特别处理的请求

保物第三六号

请求配给制作包装袋用棉纱一事

1940年6月20日
保定乾义面粉股份有限公司　发
河北省陆军特务机关长　塘真策　收

敝会社自创业以来,为采购方便并扶助当地业者发展,一直从天津、山西等地购入棉纱并制作面粉包装袋,但是最近因棉纱配给制度的实施及其他客观条件限制,棉纱的购入工作也愈发困难。

一直以来,我工厂都是将空面粉袋在染色之后作为衣物发放给中国贫民。对于面粉袋的材质问题,我公司迄今为止也做过多种研究,结果显示,相比掺入人造纤维的混纺棉,用手工棉布制作的面粉袋更加牢固,破损率更少,而且价格相对来说更便宜,同时也可以作为服装分发给贫民。因此,请求贵单位可以对我方展开棉纱配给工作。

敝工厂面粉的月产量为10万袋,每月所需的棉纱约45捆,年总需求量约400捆,目前手头的棉纱余量只够一月的生产需求。烦请贵单位就配给及购买工作进行安排。

请求配给制作包装袋用棉纱一事

1940年6月21日
河北省陆军特务机关长 塘真策 发
华北方面军参谋长 笠原幸雄 收

请每月向乾义公司配给面粉包装袋用棉纱50捆。

北连经二第一三一〇号
1940年7月2日 兴亚院华北联络部次长 盐泽清宣 发
华北棉纱布商联合会天津支部 支部长 山东圆次郎 收

有关配给包装袋用棉纱一事

1940年6月21日保物第三十六号文件显示,河北省陆军特务机关长塘真策就标题一事向我方法来请求,请对这一问题予以特别关注。

随信奉上：

一、配给包装袋用棉纱的请求(抄件)

一五青组杂第十三号

1940年7月19日

华北棉纱布商联合会　会长　山东圆次郎　发

在华日本纺织同业会　理事　后藤□郎　收

有关对内陆地区有特殊需求单位的棉纱布配给工作进行特别处理一事

本次兴亚院华北联络部希望我单位对内陆地区有特殊需求单位的棉纱布配给工作提供方便。对此，我单位会员自然尽可能地提供方便，此外，也希望贵单位各会员公司进行配合，在价格等方面尽量通融，希望贵单位各会员公司就上述问题进行讨论，并向我方回复相关结果。

1940年7月23日

华北棉纱布商联合会　会长　山东圆次郎　发

华北棉纱布商联合会青岛支部　支部长　坂上武史　收

有关对内陆地区有特殊需求单位的棉纱布配给工作进行特别处理一事

如阁下所见，兴亚院所发来的公函显示其希望我方对内陆地区有特殊需求单位的棉纱布配给工作进行特别处理,当前联合会已经向纺织同业会申请就这一问题进行特别讨论,青岛的联合会支部也应当确认当地同业会的意向,并在就相关问题向联合会本部进行报告之后再与兴亚院方面联系。

1940 年 7 月 26 日

华北棉纱布商联合会青岛支部　支部长　坂上武史　发

在华日本纺织同业会青岛支部　理事　平冈小太郎　收

如当局及我单位本部相关文件所示,为推动内陆地区土布纺织工业的发展,需要本地提供原丝等物资,当局希望青岛方面每月可以向高阳县配给 300 袋棉纱。我单位会员目前正就这一问题与当局及本部尽力斡旋,希望贵单位各会员公司也可以向我方提供援助。此外,对于配给工作的具体方法,也需要和贵单位详细商谈。

一五青组支员第五十九号

1940 年 7 月 23 日

华北棉纱布商联合会青岛支部

各位支部会员:

紧急对策部分内容发生变动

6 月 20 日的文件显示当局已经对紧急对策的部分内容做了调整,天津联合会本部通知称,今后可以对下一个月的货物展开交易。

绢人绢丝布配给统一管理纲要

第一　方　　针

华北棉纱布商联合会有中日两国的人绢丝布从业者共同组成，下设人绢丝布部，对人绢丝布的运输流通及配给工作进行协调管理，并维持交易品的合理价格。

第二　要　　领

① 作为对人绢丝布的交易流通进行一元化管理的机关，如非我联合会会员，则不得进行人绢丝布的流通及交易工作。

② 人绢丝布部由华北中日两国人绢丝布从业人员共同组成，其人员构成如下：

1. 人绢丝布（字迹模糊）业者

2. 人绢丝布运输业者

（备考）（文字模糊）

对于日本向华北出口的人绢丝布的进口及配给工作，以《日本内地出口华北人绢丝布的相应措施文件》为标准来处理。

华北物资交换用人绢丝布的进口及配给工作以《华北物资交换用人绢丝布相应措施文件》为标准来处理。

从日本内地以外地区进口的人绢丝布，按照如下手续进行处理（文字模糊）

原则上不予承认，但是必要情况下可以按如下手续进行处理：

在取得华北棉纱布商联合会天津支部及青岛支部证明书的情况下，向兴亚院华北联络部或其在青岛的办事处提交申请，在收到上述单位的认可文件后,可以携带上述文件再去获得“联银”①方面的订货许可证。

(下文文字模糊)

日本内地出口华北人绢丝布的相应措施文件

日本内地出口到华北的人绢丝布的进口及配给工作,由华北棉纱布商联合会人绢丝布部进行处理。

有关人绢丝布的进口工作,由人绢丝布部会员中在过去三年内有过从事从日本内地进口人绢丝布工作经验的人士负责。

(备考)① 1940 年 6 月之前三年内有过从事进口工作的经验。

② (文字模糊)

③ 小宗货物的进口经验无效

(下文文字模糊)

华北物资交换用人绢丝布相应措施文件

第一　方　　针

由华北棉纱布商联合会人绢丝布部员中拥有一定实力的人绢丝布从业人员组成华北棉纱布商联合会交换用人丝绢布部,由该部门负责华北物资交换用人绢丝布的配给工作,以此作为华北一般性人绢丝布配给统一管理工作的一环,调整相应物资的供需关系并维持正常价格。

① 指伪中国联合准备银行。——译者注

第二 纲 领

一、交换用人绢丝布部的成员由人绢丝布部中具备以下资格,且获得军方和兴亚院认可的相关人士组成。

① 过去三年内从事过日本内地人绢丝布的出口工作,且经手交易额在50万日元以上者。

② 在天津、青岛或内陆地区拥有商铺者。

③ 企业资本金在50万日元以上者。

备考

① 1940年6月之前的三年内有过从事进口工作的经验。

② 原则上仅限有过从日本进口经验的从业者,但是经由上海及大连口岸进口到华北地区的也可考虑在内。

③ 小宗货物的进口经验无效。

二、人绢丝布部成员原则上需要有从日本本土进口相关物资的实际经验。此外,可以从没有上述经验的从业者中选择部分人士从事配给工作,但是这需要获得查定委员会的认可。

三、交换用人丝绢布部由于责任重大而且工作中存在危险因素,所以需要按照军方制定的查定委员会所决定的价格进行交易。查定委员会需要按照当局(军队、兴亚院)的指示展开配给工作。

上述规定之外的事项,需要按照华北棉纱布商联合会人绢丝布部的相关管理规则进行处理。

(下文字迹模糊)

一五青组支员第六十号

1940年7月24日

华北棉纱布商联合会青岛支部　支部长　坂上武史

各位会员：

有关设置绢人绢丝布部及交换用人绢丝布部一事

本次在当局的支持下，天津华北棉纱布商联合会本部内设置绢人绢丝布部和交换用人绢丝布部。作为分支机构，我支部也需要设立华北棉纱布商联合会绢人绢丝布青岛支部及交换用人绢丝布部青岛支部，并对当地的相关交易工作展开统一管理。

一五青组支员第六十一号

1940年7月26日

华北棉纱布商联合会青岛支部

各位支部会员：

对7月23日送达的一五青组支员第五十九号文件中有关一个月份货物交易工作的解释，不少会员都存在疑问，在与本部进行照会之后，本部表示“随时都可交易下一个月的货物”，这也证明本月之内随时都可以对下个月的货物进行交易。

兴青发第八〇六号

1940年7月27日

兴亚院华北联络部青岛办事处处长　发

青岛纺织同业会理事长　收

有关解除棉纱布运输限制一事

如今年2月19日的兴青发第一七六号文件所示，自8月1日以后解除青岛发出的棉纱布产品的运输限制，贵单位今后可采取相应措施。

一五青组支员第一一三号

1940年8月7日

华北棉纱布商联合会青岛支部

支部长　坂上武史

各位支部会员：

传达当局对于棉纱布价格飞涨问题的指示

8月7日联合会本部通过电报传达了当局对于相关问题的指示，希望各位会员严格加强自我管理，保证自己的经营活动不会违反当局方针。

电报原文：对于棉纱布价格飞涨的问题，兴亚院当局指示应当严格遵守基准价格，其也会参考形势变化采取适当的手段。

联合会本部

★ ☆ ★ ☆ ★ ☆ ★ ☆ ★ ☆ ★ ☆ ★ ☆ ★

第9次理事会决议录

华北棉纱布商联合会青岛支部

时间：1940年8月15日(星期四)上午11时

地点：青岛市山东路70号青岛支部会议室

出席者：

支部长　坂上武史

副支部长　田中彦三郎(市川常治代为出席)

副支部长　董希尧

理事　高见重义

理事　小津定次郎

理事　西泽定雄

理事　小山治彦(太田美穗代为出席)

理事　柴田敬十(雨森耕代为出席)

理事　山内富三郎(冈岛保二代为出席)

理事　中泽周藏

理事　金文亭

理事　赵镜海

监事　小本五郎(青山喜一代为出席)

监事　王振亭

一同出席的还有：樱井正一、西井正藏、深见宪一郎

一、开会：支部长宣布开会并直接进入议事程序

二、议案：① 在华北棉纱布商联合会中设置毛织物部

8月6日兴亚院华北联络部要求华北棉纱布商联合会设置毛织物部,因此需要设置华北棉纱布商联合会毛织物部青岛支部,并开始相关商品的统一管理事务,现场会员对此都未表示异议并通过了通知本联合会各支部成员的决议。

② 有关变更支部规约的相关问题

随着华北棉纱布商联合会绢人绢丝布青岛支部的设立,华北棉纱布商联合会支部规约也需要进行相应修改。

③ 认可新会员加入第二部

新认可3名华人及3名日本人加入第二部。

三、散会:中午12时30分

对华北棉纱布商联合会青岛支部第9次理事会议的要旨及决议事项进行了如实记录,特此证明。

华北棉纱布商联合会青岛支部

第9次理事会

议长:坂上武史

华北棉纱布商联合会青岛支部

对华北棉纱布商联合会青岛支部规约进行变更

对于1940年4月18日通过的华北棉纱布商联合会青岛支部规约做出如下变动:

新插入第七条规定,内容如下:

基于本部规约第六条的规定设置华北棉纱布商联合会绢人绢丝布部。根据1940年7月16日兴亚院华北联络部的决定,以《绢人绢丝部统一管理纲要》作为指导文件开展相关业务，但是华北棉纱布商联合会绢人绢丝布青岛支部的相关业务还需另外参照支部相关规约展开运行。

原规约第七条改为第八条

原规约第九条改为第十条

原规约第十条改为第十一条

原规约第十一条改为第十二条

原规约第十二条改为第十三条

原规约第十三条改为第十四条

原规约第十四条改为第十五条

原规约第十五条改为第十六条

原规约第十六条改为第十七条

原规约第十七条改为第十八条

原规约第十八条改为第十九条

原规约第十九条改为第二十条

原规约第二十条改为第二十一条

原规约第二十一条改为第二十二条

原规约第二十二条改为第二十三条

原规约第二十三条改为第二十四条

原规约第二十四条改为第二十五条

原规约第二十五条改为第二十六条

原规约第二十六条改为第二十七条

原规约第二十七条改为第二十八条

原规约第二十八条改为第二十九条

原规约第二十九条改为第三十条

原规约第三十条改为第三十一条

原规约第三十一条改为第三十二条

★ ☆ ★ ☆ ★ ☆ ★ ☆ ★ ☆ ★ ☆ ★ ☆ ★

一五青组支员第六十六号

1940 年 8 月 17 日

华北棉纱布商联合会　支部长　坂上武史

各位支部会员：

于青岛支部设置毛织物部一事

基于 8 月 15 日的第 9 次理事会决议，将华北棉纱布商联合会青岛支部及华北棉纱布商联合会绢人绢丝布部进行合并，成立新的华北棉纱布商联合会毛织物部青岛支部。基于 1940 年 7 月 16 日兴亚院华北联络部决定通过的《绢人绢丝布统一管理要领》及《有关日本本土向华北出口绢人绢丝布相关举措的文件》等文件，开始对毛丝毛织物（包括麻织物）进行统一管理。至 1940 年 5 月末，在之前三年内进口过毛丝、毛织物及麻丝布的成员请尽快将相关物资情况表交付我支部。

★ ☆ ★ ☆ ★ ☆ ★ ☆ ★ ☆ ★ ☆ ★ ☆ ★

抄送：纺织同业会、青岛交易所、天津支部、济南支部

一五青组支员第七十三号

1940 年 8 月 21 日

华北棉纱布商联合会青岛支部

支部长　坂上武史

各位支部会员：

有关应对 16 支、20 支规格棉花价格飞涨的举措

目前，各支部会员需要保证 16 支、20 支规格棉花的交易价格不得超过 8 月 21 日的交易价格，同时，还需要努力降低交易价格。此外，在对 16 支、20 支之外规格的棉纱布进行交易时，也应避免采取导致价格上涨的行为。各位会员需要深刻领会当局指示精神，基于第 10 次理事会的决议以进行交易活动。

如果违反上述决定，联合会将对相关成员采取严厉惩罚措施。

★　☆　★　☆　★　☆　★　☆　★　☆　★　☆　★　☆　★

第 11 次理事会决议录

华北棉纱布商联合会青岛支部

时间：1940 年 9 月 3 日（星期日）下午 3 时

地点：青岛市山东路 70 号青岛支部会议室

出席者：

支部长　坂上武史

副支部长　田中彦三郎

副支部长　董希尧

理事　高见重义

理事　小津定次郎（森川正雄代为出席）

理事　西泽定雄

理事　小山治彦（岩井利信代为出席）

理事　三岛平一

理事　山内富三郎（冈岛保二代为出席）

理事　中泽周藏

理事　赵镜海

监事　小本五郎（青山喜一代为出席）

监事　王振亭

一、开会：支部长宣布开会并直接进入议事程序

二、议案：① 有关支部会员买卖棉纱布的相关工作

本理事会对上述问题作出如下决定并通知各支部会员。

禁止第一部部员向第二部部员贩卖16支规格棉纱时将价格提高到1 100日元以上。

除了16支棉纱之外，对于其他规格的棉纱布也需要尽量靠近天津地区的基准价格并维持在适当的范围内。

第二部会员将棉纱布贩卖给零售业者时也应该尽量将卖价维持在合理范围。

天津地区的棉纱布基准价格如下所示：

棉纱16支：一捆（内含四十团）1 040日元

20支：一捆（内含四十团）1 080日元

32支：一捆（内含四十团）1 140日元

42支：一捆（内含四十团）1 470日元

棉布一反 36.25 日元

第一部会员向第二部会员的贩卖价格可以略微涨价，但是涨幅不能超过上述价格的 0.5 成。

② 对华北棉纱布商联合会青岛支部棉纱布进出口细则做了决定。

③ 认可新会员加入第一部

认可 12 名日本人及 18 名华人加入第一部。

三、散会：中午 5 时 30 分

对华北棉纱布商联合会青岛支部第 11 次理事会议的要旨及决议事项进行了如实记录，特此证明。

华北棉纱布商联合会青岛支部

第 11 次理事会

议长：坂上武史

（现提供天津基准价格以供参考）

1940 年 9 月 1 日　电报抄件（收）

华北棉纱布商联合会青岛支部

发信人：天津支部

发信时间：1940 年 9 月 1 日下午五时十分

原文

基准价格："细布 36.25 日元；16 支 1 040 日元；20 支 1 080 日元；32 支 1 140 日元，42 支 1 470 日元"，支部。

★ ☆ ★ ☆ ★ ☆ ★ ☆ ★ ☆ ★ ☆ ★ ☆ ★

1940年9月4日
在华日本纺织同业会青岛支部　理事　平冈小太郎　发
华北棉纱布商联合会青岛支部　支部长　坂上武史　收

8月30日送达的一五青组第二十四号贵函我方已拜读,贵单位所提出的违反规定之事,经我方调查,实际上并无此事。

贵单位只是声称听到了传闻,但是对传闻的内容却并未明示,而且在与我方进行协议之前就发来了正式文书,在沟通方面实在是欠缺考虑。贵单位的一系列举动令我方会员深感不快,鉴于事态严重,我方也不得不深表遗憾。

今后再有类似贵单位信件中提到的重要事态时,请首先与我单位进行协商,然后再按照相应手续办理,万望贵单位谅解。

★ ☆ ★ ☆ ★ ☆ ★ ☆ ★ ☆ ★ ☆ ★ ☆ ★

一五青组支员第一一零号
1940年9月13日
华北棉纱布商联合会青岛支部　支部长　坂上武史
各位支部会员:

希望各位强化棉纱布交易工作中的自我管理

最近部分棉纱布交易活动过程中的价格已经接近当局制定的目标价格,整体上看,棉纱布价格呈现飞涨的态势。目前仍需严格遵守9月3日的第11次理事会决议,我支部殷切盼望各位严格加强自我管理，保证不会出现违背上峰政策的行为。如果交易市场的价格出现异常上涨的话，当局将不得不采取紧急对策，这一形势目前已经十分明了，所以再次请求各位一定要强化自我管理。

★ ☆ ★ ☆ ★ ☆ ★ ☆ ★ ☆ ★ ☆ ★ ☆ ★

第12次常任委员会记录

华北棉纱布商联合会青岛支部

一、时间：1940年9月19日（星期四）下午3时半

二、地点：青岛市山东路70号青岛支部会议室

三、出席者：常任委员8名

旁听者：原经销商10人

四、议事过程

最近棉纱布市价暴涨，根据9月18日的华北物价控制令，今后的棉纱布交易价格绝对不可超过目前市价，各位成员需要严格加强自我管理。

★ ☆ ★ ☆ ★ ☆ ★ ☆ ★ ☆ ★ ☆ ★ ☆ ★

一五青组支员第一一一号

1940年9月19日

华北棉纱布商联合会青岛支部

各位支部会员：

关于强化棉纱布交易工作自我管理之事

鉴于最近棉纱布价格暴涨，请各位严格遵守9月19日第12次常务委员会议的决定，进一步强化交易过程中的自我管理工作。

此外，第二部员表示目前有传闻称十六支规格的棉花被卖到了1 200日元以上，如果此事属实，这毫无疑问是违反了当局维持正常交易价格的规定。今后联合会要做深刻反省，消灭这种不当交易行为出现的根源，今后在发现哄抬物价的实际证据后，要积极向当局进行联系并采取严肃的处置手段。

1940年9月21日　电报抄件(收)

华北棉纱布商联合会青岛支部

发信人：天津支部

发信时间：下午7时25分

收信时间：下午7时45分

原文

本周基准价格无变动

支部

(参考)上周基准价格

棉纱：17支1 040日元；20支1 080日元；32支1 140日元；42支1 470日元。

细布：36.25日元。

9月19日送上之十五青组支员第一一一号文件要求强化对于棉纱布交易工作的自我管理。对此，请撤销以前发来的通知文书，并换以一一一号文件。

★ ☆ ★ ☆ ★ ☆ ★ ☆ ★ ☆ ★ ☆ ★ ☆ ★

1940年9月27日 电报抄件(收)

华北棉纱布商联合会青岛支部

发信人：在北京支部长

发信时间：上午11时16分

收信时间：下午1时23分

原文(加急电报)

需要就设置基准价格及修改目标价格一事进行协议，请通知纺织方面速派代表前往北京商议。

支部长

★ ☆ ★ ☆ ★ ☆ ★ ☆ ★ ☆ ★ ☆ ★ ☆ ★

1940年10月5日 电报抄件(收)

华北棉纱布商联合会青岛支部

发信人：天津支部

发信时间：下午6时50分

收信时间：下午7时53分

原文

下周基准价格无变动

支部

（参考）

细布：36.25 日元；棉纱：17 支 1 040 日元；20 支 1 080 日元；32 支 1 140 日元；42 支 1 470 日元

★ ☆ ★ ☆ ★ ☆ ★ ☆ ★ ☆ ★ ☆ ★ ☆ ★

第 12 次理事会决议录

华北棉纱布商联合会青岛支部

时间：1940 年 10 月 16 日（星期日）上午 11 时

地点：青岛市山东路 70 号青岛支部会议室

出席者：青岛纺织会社方代表

国光纺织会社：泥谷

日清纺织会社：石田

丰田纺织会社：森川

钟纺织会社：久保渊

同兴纺织会社：调

富士纺织会社：今村

大日本纺织会社：奥川

内外棉纺织会社：山本

上海纺织会社：御园

棉纱布商联合会方面代表

支部长　坂上武史

副支部长　田中彦三郎(市川常治代为出席)

副支部长　董希尧

理事　高见重义

理事　小津定次郎

理事　西泽定雄

理事　小山治彦(岩井利信代为出席)

理事　三岛平一

理事　山内富三郎

理事　中泽周藏

理事　赵镜海

监事　小本五郎(五月女年郎代为出席)

监事　王振亭

一、开会:支部长宣布开会并直接进入议事程序

二、议案:有关决定第一次棉纱布基准价格之事

第一次棉纱布基准价格如下所示,自 1940 年 10 月 14 日(星期一)至同月 19 日(星期六)有效:

棉纱16 支:一捆(内含四十团)1 040 日元

20 支:一捆(内含四十团)1 130 日元

32 支:一捆(内含四十团)1 270 日元

42 支:一捆(内含四十团)1 470 日元

棉布一反 36 日元

以上价格不含税

三、散会:中午 12 时 30 分

对华北棉纱布商联合会青岛支部第12次理事会议的要旨及决议事项进行了如实记录，特此证明。

华北棉纱布商联合会青岛支部

第12次理事会

议长：坂上武史

★ ☆ ★ ☆ ★ ☆ ★ ☆ ★ ☆ ★ ☆ ★ ☆ ★

第13次理事会决议录

华北棉纱布商联合会青岛支部

时间：1940年10月12日(星期六)正午

地点：青岛市山东路70号青岛支部会议室

出席者：青岛纺织会社方

国光纺：泥谷

丰田纺：桑原

钟纺：久保渊

同兴纺：调

富士纺：今村

大日本纺：奥川

内外棉：山本

上海纺：御园

棉纱布商联合会方

支部长　坂上武史

副支部长　田中彦三郎(市川常治代为出席)

副支部长　董希尧

理事　高见重义

理事　小津定次郎

理事　西泽定雄

理事　小山治彦(岩井利信代为出席)

理事　三岛平一(雨森耕代为出席)

理事　山内富三郎

理事　中泽周藏

理事　赵镜海

监事　小本五郎(五月女年郎代为出席)

监事　王振亭

一、开会:支部长宣布开会并直接进入议事程序

二、议案:①有关决定第二次棉纱布基准价格之事

第二次棉纱布基准价格如下所示,自 1940 年 10 月 14 日(星期一)至同月 19 日(星期六)有效:

棉纱16 支:一捆(内含四十团)1 040 日元

20 支:一捆(内含四十团)1 030 日元

32 支:一捆(内含四十团)1 270 日元

42 支:一捆(内含四十团)1 470 日元

棉布一反 35.5 日元

以上价格不含税

② 认可新会员加入第一部

认可如下人士加入第一部。

商号:泰利号

代表：渡边万次郎

营业所：东阿路 34 号

③ 认可成员退会

根据支部规约第十条第一号规定，认可一名华人会员退出第二部。

商号：德胜裕

代表：方晓峰

营业所：大沽路 28 号

三、散会：中午 12 时 30 分

对华北棉纱布商联合会青岛支部第 13 次理事会议的要旨及决议事项进行了如实记录，特此证明。

华北棉纱布商联合会青岛支部

第 13 次理事会

议长：坂上武史

★ ☆ ★ ☆ ★ ☆ ★ ☆ ★ ☆ ★ ☆ ★ ☆ ★

第 14 次理事会决议录

华北棉纱布商联合会青岛支部

时间：1940 年 10 月 19 日(星期六)下午 2 时

地点：青岛市山东路 70 号青岛支部会议室

出席者：青岛纺织会社方

国光纺：泥谷

丰田纺：桑原

同兴纺：三岛

富士纺：今村

大日本纺：奥川

内外棉：山本

上海纺：御园

棉纱布商联合会方

支部长：坂上武史

副支部长　田中彦三郎（市川常治代为出席）

副支部长　董希尧

理事　高见重义（北川善喜代为出席）

理事　小津定次郎

理事　西泽定雄

理事　小山治彦（岩井利信代为出席）

理事　三岛平一（雨森耕代为出席）

理事　山内富三郎

理事　中泽周藏

理事　赵镜海

监事　小本五郎（五月女年郎代为出席）

监事　王振亭

一、开会：支部长宣布开会并直接进入议事程序

二、议案：有关决定第三次棉纱布基准价格之事

第三次棉纱布基准价格如下所示，自 1940 年 10 月 21 日（星期一）至同月 26 日（星期六）有效：

棉纱16 支：一捆（内含四十团）1 040 日元

20 支：一捆（内含四十团）1 080 日元

32 支：一捆(内含四十团)1 220 日元

42 支：一捆(内含四十团)1 440 日元

棉布一反 33.5 日元

以上价格不含税

三、散会：下午三时三十分

对华北棉纱布商联合会青岛支部第 14 次理事会议的要旨及决议事项进行了如实记录，特此证明。

华北棉纱布商联合会青岛支部

第 14 次理事会

议长：坂上武史

★ ☆ ★ ☆ ★ ☆ ★ ☆ ★ ☆ ★ ☆ ★ ☆ ★

1940 年 10 月 20 日　电信抄件(收)

华北棉纱布商联合会青岛支部

发件人　天津本部

发报时间　下午 5 时 30 分

收到时间　下午 1 时 12 分

(原文)

细布基准价格 34 日元，其余皆不变动。

(参考)

棉纱：17 支 1 040 日元；20 支 1 080 日元；32 支 1 140 日元；42 支 1 470 日元

★ ☆ ★ ☆ ★ ☆ ★ ☆ ★ ☆ ★ ☆ ★ ☆ ★

第15次理事会决议录

华北棉纱布商联合会青岛支部

时间：1940年10月24日(星期四)上午11时

地点：青岛市山东路70号青岛支部会议室

出席者：

支部长　坂上武史

副支部长　田中彦三郎(市川常治代为出席)

副支部长　董希尧

理事　高见重义(北川善喜代为出席)

理事　小津定次郎

理事　西泽定雄

理事　小山治彦(岩井利信代为出席)

理事　三岛平一(雨森耕代为出席)

理事　山内富三郎

理事　中泽周藏

理事　赵镜海

监事　小本五郎(五月女年郎代为出席)

监事　王振亭

一、开会　支部长宣布开会并直接进入议事程序

二、议事内容

① 有关变更支部规约之事

随着华北棉纱布商联合会毛织物部青岛支部及纤维屑部青岛支部

的设立，华北棉纱布商联合会青岛支部规约需要做出如下变更：

第七条做出如下变动：

基于本部规约第六条，华北棉纱布商联合会下设绢人绢丝布部、毛织物部和纤维屑部。根据兴亚院华北联络部的决定，需要按照1940年7月16日的绢人绢丝布统一管理纲要、日本内地针对华北的绢人绢丝布管理相关文件及1940年8月6日的毛丝、毛织物、原丝布、纤维碎屑配给统一管理的相关文件的规定来运营其业务。

② 有关决定目标价格一事

有关目标价格问题，在与天津支部及青岛纺织进行协议之后的结果如下，随后就相关信息通知本部并报告政府。

价格如下：

16支：1 200日元

20支：1 250日元

32支：1 400日元

42支：1 600日元

细布：40日元

③ 从上海转入棉纱布的相关事项

基于当地兴亚院的指示，有关上海棉纱布的问题，第一部第二条规定华人会员需要在11月之后按照最低限额转入棉纱布。

散会：中午12时40分

对华北棉纱布商联合会青岛支部第15次理事会议的要旨及决议事项进行了如实记录，特此证明。